**Berufsrechtstagung des
Deutschen wissenschaftlichen Instituts
der Steuerberater e.V.
2018**

D1629115

Digitalisierung –
Eine berufsrechtliche
Herausforderung!

**Herausgegeben vom
Deutschen wissenschaftlichen Institut
der Steuerberater e.V.**

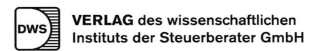

VERLAG des wissenschaftlichen
Instituts der Steuerberater GmbH

DWS-Schriftenreihe Nr. 42

Titel: Digitalisierung – Eine berufsrechtliche Herausforderung!

Herausgeber: Deutsches wissenschaftliches Institut der Steuerberater e.V.

Verlag: Verlag des wissenschaftlichen Instituts der Steuerberater GmbH
                    Behrenstraße 42
                    10117 Berlin
                    Tel.: 030 288856-6
                    Fax: 030 288856-70
                    Internet: www.dws-verlag.de
                    E-Mail: info@dws-verlag.de

Gesamtherstellung: DCM Druck Center Meckenheim GmbH
                    www.druckcenter.de

ISBN: 978-3-946883-09-8

                    1. Auflage 03/2019

Vorwort

Die Chancen und Risiken der Digitalisierung für die Steuerberatung standen im Fokus der Berufsrechtstagung 2018.

Der einführende Vortrag gab einen Einblick in die aktuelle Diskussion über die Zukunftsfähigkeit einzelner Berufe und hat aufgezeigt, dass sich die heute alltäglichen Prozesse und Tätigkeitsfelder infolge des unaufhaltbaren Wandels durch die Digitalisierung in der Steuerberater-kanzlei zukünftig stark verändern werden.

Die Expertendiskussion beleuchtete die zukünftige Rolle des Steuerbe-raters und die Standardisierungsmöglichkeiten seiner Tätigkeiten. Im Mittelpunkt der Debatte standen neben der möglichen Reichweite der digitalen Transformation auch haftungsrechtliche Überlegungen zu den immer mehr auf den Steuerberatungsmarkt drängenden Online-Portalen, die über intelligente und internetgestützte Softwarelösungen Steuerbe-ratungsdienstleistungen anbieten. Im Ergebnis waren sich die Podiums-teilnehmer einig, dass die Digitalisierung das heutige Verständnis einer Steuerberatungskanzlei in Zukunft verändern und neue Tätigkeits-schwerpunkte für den Berufsstand setzen wird. Steuerdeklaration wird verstärkt digitalisiert und betriebswirtschaftliche Beratung rückt in den Fokus. Durch die Digitalisierung werden zukünftig automatisierte Tätig-keiten im Bereich der Buchführung und im Rahmen der Steuerdeklara-tion entfallen. Dafür ist zu erwarten, dass betriebswirtschaftliche Bera-tungsleistungen, wie Auswertungen und Empfehlungen für die laufende Unternehmensführung, in den Fokus rücken. In der Diskussion zeigte sich der Berufsstand optimistisch und wertete die Digitalisierung als Chance, nicht als Risiko.

Wir danken allen Teilnehmern der Berufsrechtstagung sowie den Mit-gliedern des wissenschaftlichen Arbeitskreises Berufsrecht für ihren Beitrag zum Gelingen der Veranstaltung.

Unser besonderer Dank gilt Herrn Hartung (Vorsitzender des Berufs-rechtsausschusses des Deutschen Anwaltsvereins und Direktor des Bucerius Center on the Legal Profession an der Bucerius Law School), der das Einführungsreferat gehalten hat.

Wir danken ebenfalls den weiteren Teilnehmern der Podiumsdiskussi-on: Dr. Meyer-Pries (Mitglied der Geschäftsleitung bei DATEV eG),

Dr. Wenzler (Chief Strategy Officer von Baker & McKenzie) und
Dr. Stein (Mitglied im wissenschaftlichen Arbeitskreis Berufsrecht des
DWS-Instituts und Vizepräsident der Bundessteuerberaterkammer) sowie Herrn Prof. Mann (Vorsitzender des wissenschaftlichen Arbeitskreises Berufsrecht), der die Podiumsdiskussion leitete.

Dr. Raoul Riedlinger   Claudia Nölle
Vorstandsvorsitzender des   Geschäftsführerin
Deutschen wissenschaftlichen   des Deutschen wissenschaftlichen
Instituts der Steuerberater e.V.   Instituts der Steuerberater e.V.

Inhaltsübersicht

Digitalisierung – Eine berufsrechtliche Herausforderung!

Begrüßung

Dipl.-Ing.-Ök. Dr. Holger Stein, StB

Sehr geehrte Damen und Herren, liebe Kolleginnen und Kollegen, da Herr Dr. Riedlinger aufgrund eines kurzfristig gecancelten Fliegers heute Morgen leider nicht nach Berlin anreisen konnte, heiße ich Sie an seiner Stelle im Namen des Deutschen wissenschaftlichen Instituts der Steuerberater zu unserer Berufsrechtstagung hier im Auditorium herzlich willkommen. Herr Dr. Riedlinger bedauert sehr, dass er an der Tagung nicht teilnehmen kann, denn wie Sie wissen, hat Herr Dr. Riedlinger als langjähriges Mitglied des wissenschaftlichen Arbeitskreises Berufsrecht eine sehr enge Bindung zu den berufsrechtlichen Themen.

Passend zum Thema der heutigen Tagung begrüße ich zudem all jene steuerrechtlich Interessierte, die diese Tagung online, also digital, verfolgen. Ich danke den Vertretern der zuständigen Bundesministerien, der Landesfinanzministerien und den Vertretern der Länder für Ihr Kommen.

Ich freue mich besonders, Frau Hessel als Mitglied des Deutschen Bundestages bei uns zu begrüßen. Herzlich willkommen.

Die Vertreter unseres Berufsstandes und die Verbände und Kammern anderer freien Berufe, heiße ich an dieser Stelle ebenso ganz herzlich willkommen. Ich begrüße zudem die Mitglieder des wissenschaftlichen Arbeitskreises Berufsrecht. Ich danke für die fachliche Vorbereitung der heutigen Tagung.

In diesem Jahr haben wir das Thema: „Digitalisierung – Eine berufsrechtliche Herausforderung!" gewählt. Ich begrüße dazu den Vorsitzenden des wissenschaftlichen Arbeitskreises, Herrn Prof. Mann, der die Podiumsdiskussion moderieren wird. Herzlich willkommen, Herr Prof. Mann.

Ich freue mich, dass es auch diesmal wieder gelungen ist, namhafte Experten auf dem Gebiet des Rechts und der freien Berufe für unsere Veranstaltung zu gewinnen. Herr Hartung ist Vorsitzender des Berufsrechtsausschusses des Deutschen Anwaltvereins (DAV) und Direktor an der Bucerius Law School. Er wird in seinem anschließenden Impulsreferat eine Einführung in die Thematik geben und die digitale Transformation mit Blick auf die Steuerberatung beleuchten. Herr Dr. Meyer-Pries ist Mitglied der Geschäftsleitung und als Leiter des Bereiches „Strategische Entwicklung" bei der DATEV ein ausgewiesener Experte, wenn es um das Thema Digitalisierung geht. Herr Dr. Wenzler ist zuständig für Strategie bei Baker & McKenzie, er arbeitet am Zukunftsmodell einer Großkanzlei und setzt dabei auf Methoden aus der Softwarebranche. Er weiß um die Herausforderungen des Marktes und kennt sich mit dem Entwickeln und Umsetzen von Technologie und Innovation auf dem Gebiet des Rechts aus.

Meine sehr geehrten Damen und Herren, unser Leben spielt sich immer mehr im Internet ab, von Bestellungen über Terminbuchungen bis zum E-Government. Die Digitalisierung ist in allen Bereichen in vollem Gange. Die Anwendung von „Künstlicher Intelligenz" auf Rechts- und Steuerdienstleistungen wird forciert entwickelt. Gerade für die Steuerberatung und das Rechnungswesen gelten dabei enorme Chancen, aber auch Risiken. Sie wissen, dass aufgrund der sogenannten Oxford-Studie in der Öffentlichkeit die Meinung verbreitet wurde, dass der Steuerberater zu 99 % als Beruf verschwindet. Für den deutschen Steuerberater ist diese These eher unwahrscheinlich, aber Prozesse und Tätigkeitsfelder werden sich weiterhin stark verändern. Allgemein wird angenommen, dass Steuerberaterleistungen standardisierbarer seien als andere Rechtsdienstleistungen. Interessanterweise wird dagegen die Entwicklung der Digitalisierung bei den Rechtsanwälten unter dem Stichwort „Legal Tech" nach meinem Eindruck weit intensiver diskutiert, als bei den Steuerberatern. Angesichts der mühevollen Bestrebungen der deutschen Steuerbehörden zur Digitalisierung und zum E-Government, können sich aber auch die Steuerberater diesem Thema nicht mehr verschließen. Auch für den steuerberatenden Beruf stellt sich daher die Frage, inwiefern die weiter zunehmende Digitalisierung die Zukunft der Steuerberatung bestimmt. Konkret geht es zum einen darum, inwieweit softwarebasierte Steuerberatungsleistungen über Onlineportale bzw. Softwareprogramme mit dem Steuerbratungsgesetz vereinbar sind und ab wann diese eine unzulässige Hilfe in Steuersachen darstellen. Die berufsrechtlichen Fragen und Herausforderungen gehen aber weit darüber hinaus. Bei den Anwälten wird kontrovers diskutiert, ob der Einsatz technischer Entscheidungsprozesse neuer Regularien bedarf und wie der Verbraucherschutzgedanke des Rechtsdienstleistungsgesetzes gesichert werden kann. Für den Steuerberater geht es zum anderen um die Frage, wie der im Steuerberatungsgesetz verankerte Verbraucherschutzgedanke gesichert werden kann. In diesem Zusammenhang wird gefordert, dass berufsrechtliche Beschränkungen digitale Lösungen von Drittanbietern nicht be- oder verhindern dürfen.

Meine Damen und Herren, Sie erwartet nun ein interessantes Impulsreferat, in dessen Anschluss wir eine Podiumsdiskussion vorgesehen haben. Nach der Berufsrechtstagung laden wir Sie zu einem kleinen Imbiss ein, sodass Gelegenheit besteht, die Diskussion in geselliger Runde fortzusetzen.

Der guten Ordnung halber weise ich Sie darauf hin, dass die Berufsrechtstagung in Ton und Bild aufgezeichnet wird und als Livestreaming bereitgestellt wird. Es ist vorgesehen, den Bildmitschnitt der Veranstaltung auf der Homepage des DWS Institutes zu veröffentlichen und die Wortbeiträge und Ergebnisse der Podiumsdiskussion, in einem Tagungsband zu veröffentlichen. Wenn Sie sich bei der Podiumsdiskussion zu Wort melden möchten, bitte ich Sie daher, zuerst laut und deutlich Ihren Namen zu nennen, damit wir die entsprechenden Statements oder Fragestellungen dann später auch richtig zuordnen können.

Herr Hartung, wir sind gespannt auf Ihren Vortrag.

I. Impulsreferat „Digitalisierung – Eine berufsrechtliche Herausforderung!"

Markus Hartung, RA

Vielen Dank für die überaus freundliche Einladung zu dieser Veranstaltung und die Möglichkeit, hier zu Ihnen sprechen zu können. Ich will kurz versuchen, Ihnen den Hintergrund zu schildern, vor dem wir stehen, wenn wir über das Berufsrecht oder die Notwendigkeit, das Berufsrecht zu ändern oder anzupassen, sprechen. Ich will vor allen Dingen darüber mit Ihnen sprechen, was wir eigentlich meinen, wenn wir von „Digitalisierung" sprechen oder von „Legal Tech", was Software eigentlich tut und was „Künstliche Intelligenz"" kann und was sie nicht kann. Am Ende haben Sie einen besseren Blick darauf, wo man vielleicht etwas regulieren sollte.

Immer wenn Innovation auf das Berufsrecht trifft, dann passiert ein ganz seltsamer Prozess. Es ist nicht etwa so, dass Innovationen oder neue Ideen willkommen geheißen würden. Man hat eher den Eindruck, wenn es im Berufsrecht um Innovationen geht, dann reagiert das Berufsrecht immer gleich, und zwar immer mit: „Nein, das geht nicht!" Dass alles verboten ist, das ist natürlich verfassungsrechtlich heute nicht mehr haltbar. Es erinnert aber doch sehr an das Schild mit der Aufschrift „Im ganzen Werk ist das Rauchen verboten, bis auf die Stellen, an denen es durch besonderen Anschlag erlaubt ist!", also an das Verbot mit Erlaubnisvorbehalt, was uns Juristen bestens bekannt ist. So reagiert das Berufsrecht auf Innovationen und auf Änderungen. Natürlich fragen wir uns, woran das liegt, warum wir bei Änderungen in der Arbeitsweise, im Kontakt zu Kunden oder Mandanten so zurückhaltend und timide sind. Ich kann Ihnen aus der Sicht der Anwälte sagen, woran es meiner Meinung nach liegt. Bei den Steuerberatern bin ich mir da nicht so sicher. Es gibt eine interessante Untersuchung aus dem Soldan-Institut von Herrn Prof. Killian. Daraus ergab sich, dass 44% der befragten Anwälte der Meinung sind, dass „Legal Tech" schlecht für die Profession und nur gut für den Wettbewerb ist. Das ist eine sehr verzagte Haltung. Man stellt sich nicht freudig der Zukunft und sagt: „Komme, was da wolle, wir werden das immer noch machen!", sondern man ist eher zurückhaltend. Man weiß nicht genau, was das bedeutet und wer in den Markt kommt. Man hatte sich ja ganz gut eingerichtet. Vielleicht ist einer der Gründe, warum das Berufsrecht sich dann so zeigt, wie es ist, dass das Berufsrecht ja von eben diesen Menschen gemacht wird. Das ist nicht der Gesetzgeber, sondern es sind die anwaltlichen Verbände, die über die Reform des Berufsrechts nachdenken, und die bestehen aus diesen Personen. Die Berufsangehörigen entscheiden also selber darüber, wie ihr berufliches Umfeld aussehen soll. Das führt vielleicht dazu, dass man etwas Neues lieber nicht möchte. Deshalb errichtet man im Berufsrecht Wälle und Mauern mit leicht zu nehmenden Hürden und weniger leicht zu nehmenden Hürden. Aber egal was auch immer passiert, das Leben sucht sich seinen eigenen Weg. Menschen suchen sich ihren eigenen Weg! Wenn man aus der Schule alles vergessen hat, eins vergisst man nie: Die kürzeste Verbindung zwischen zwei Punkten ist immer die Gerade! Aber das Berufsrecht ist nie eine Gerade. Das Berufsrecht baut Ihnen stets Hürden auf. Es passiert aber immer, dass sich sowohl Berater, also Berufsangehörige, wie auch Kunden andere Wege suchen, an der Regulierung vorbei, um das zu bekommen, was sie eigentlich wollen, obwohl wir ein wunderbares Berufsrecht dahingestellt haben. Das sagt mir, dass man sich dem Berufsrecht vielleicht anders nähern sollte als damit, dass man bestimmte Prozessabläufe definiert, von denen man sicher sein kann, dass kreative Wege gesucht werden, um daran vorbeizukommen.

Warum ist es so? Ich glaube, weil wir Innovationen häufig als eine Bedrohung empfinden. Jedenfalls sehe ich das in der öffentlichen Darstellung, da ist die Innovation etwas, das bedrohlich ist. Das merkt man bereits an der Begrifflichkeit, dass sehr häufig Innovation nicht mehr ohne das Adjektiv disruptiv verwendet wird: „disruptive innovation". Wenn Sie mit Start-Up Unternehmern reden, gerade im Silicon Valley, dann sollen ganze „industries disrupted" werden. Da muss alles geändert und zerstört werden. „Weg mit dem alten Kram! Da muss was Neues hin!" Das galt bei den Webern, so wie es vielleicht heute auch die beratenden Berufe erreicht. Da wird Innovation selten als etwas erlebt, das das Leben Stück für Stück und langsam verbessert. Innovation präsentiert sich eher als etwas Bedrohliches. Wenn wir über Innovation reden, dann in diesen Zusammenhängen.

Wenn also Uber mit einem Geschäftsmodell ankommt und eine ganze Branche, die weltweit gleich aufgestellt ist, unter Druck bringt, dann sagen wir, das sei „disruptive innovation". Dann darf man sich nicht wundern, dass die Menschen verzagt darauf reagieren und es nicht begrüßen, dass jemand, der viel Technik, viel Geld und die Bereitschaft mitbringt, bestehende Regeln sehr beherzt auszulegen, ankommt und an die Lebensgrundlagen von Menschen geht. Darum geht es letztlich auch. Es ist nicht die schiere Technik-Feindlichkeit, sondern ist es häufig die Sorge, dass soziale Lebensumstände sich so verändern, dass man zu den Verlierern dieser Neuerungen gehört. Egal, ob Sie ein Fabrikarbeiter sind, oder ob Sie ein Anwalt in einer Großkanzlei sind, Sie sind immer mit dem Thema beschäftigt und mit der Sorge, ob das, was dann neu kommt, das, was Sie bisher gemacht haben, bestehen lässt oder nicht. Das bestimmt auch unser Berufsrecht. Deswegen lieben wir im Berufsrecht das Verbot mit Erlaubnisvorbehalt und wundern uns, dass das nicht immer so funktioniert, wie es funktionieren soll.

Bei den Anwälten ist es ganz heftig im Moment, denn die Anwaltschaft kommt aus verschiedenen Gründen unter Druck. Im April dieses Jahres gab es eine Konferenz der Bundesrechtsanwaltskammer, bei der verschiedene „böse Themen" diskutiert wurden. Es ging um die Zukunft der Anwaltschaft und die Frage, welche Einwirkungen Technologie hat. Werden Anwälte künftig durch Technologie, durch Software ersetzt? Ein weiteres großes Thema unter den Anwälten ist das Problem der Diversity, das betrifft den Frauenanteil, der hier deutlich geringer ist als erstens in anderen europäischen Ländern und auch in anderen Berufen. Problematisch ist außerdem, dass es kaum noch ReNo- oder Anwaltsgehilfinnen gibt, die bereit sind, für Anwälte zu arbeiten. Dann gibt es das Fremdbesitzproblem. Das sind alles Themen, die halten Anwälte nachts wach. Unter Anwälten, egal wo, brauchen Sie nur ein Wort wie „Fremdbesitz" in die Debatte zu werfen, dann ist das, wie der Engländer sagt: „Red meat on the floor!". Da werden die Leute einfach verrückt. Die Diskussion wird sehr emotional und man fragt sich: „Warum werdet ihr so verrückt an diesen Themen?" Schaut Euch doch mal an, wie sich die Welt verändert und wie wir den Berufsstand regulieren müssen, damit wir noch vernünftig arbeiten können. Warum besinnen wir uns nicht auf das, was wir gut können und filtern das heraus, was wir vielleicht nicht mehr machen sollten? Dazu, wie sich das heute bereits bemerkbar macht, was sich mit Sicherheit ändern wird und was sich mit Sicherheit nicht ändern wird, will ich Ihnen heute ein paar Beispiele nennen.

Zunächst möchte ich aber mit der Frage anfangen: „Müssen wir die Sorge haben, dass wir durch einen Computer und eine Software ersetzt werden?" Die Studie „Future of Employment: How susceptible are jobs to computerisation?" ist etwas irreführend verstanden worden. Es das klingt so, als würde die Studie untersuchen, ob bestimmte Berufe durch Software ersetzt werden. Tatsächlich befasst sich die Studie aber nicht mit Berufen, sondern mit Tätigkeiten, die durch Software ersetzt werden. Das wird „jobs" genannt, aber es geht tatsächlich um Tätigkeiten! Wenn Sie also einen Beruf wahrnehmen, der nur aus einer Tätigkeit besteht und diese Tätigkeit durch eine Software erledigt werden kann, dann ist die Wahrscheinlichkeit außerordentlich hoch, dass dieser Beruf sich nicht mehr lange halten wird, zum Beispiel Schaffner. Es gibt verschiedene technische Möglichkeiten, um das, was früher ein Schaffner gemacht hat, heute technisch abzubilden. Das wäre ein Beispiel. Aber da geht es nur um eine Tätigkeit. Einen Beruf, der aus mehreren Tätigkeiten besteht, sogar aus der komplexen Verbindung einzelner Tätigkeiten, für die auch Beurteilungsvermögen und Wissen erforderlich ist, um bestimmte Tätigkeiten so auszuüben, dass sie gut für einen Mandanten oder Klienten sind, den kann man im Zweifel nicht durch eine Software ersetzen. Sie können dazu im Internet einen Selbsttest machen. Wenn Sie dort „Anwalt" eingeben, dann steht da, dass die Wahrscheinlichkeit nur 3,5 % beträgt, das Anwälte durch Software ersetzt werden. In der Fußnote steht dann, vorausgesetzt, dass es fachlich spezialisierte Anwälte sind. Da waren natürlich die Anwälte froh. Was gibt jeder Anwalt dann als nächsten Beruf ein? Richter! Was denken Sie, was bei Richtern steht? Ich glaube, 43 %! Bei den Steuerberatern liegt die Wahrscheinlichkeit, dass sie durch Software ersetzt werden, bei 99 %. Vermutlich gibt es bestimmte Tätigkeiten, die Steuerberater noch ausführen, die durch eine Software heute schon ganz gut unterstützt und vielleicht in Zukunft auch mal ersetzt werden können. Ob tatsächlich der gesamte Beruf ersetzt werden kann, kann ich nicht beurteilen.

Aber man muss sich mit diesen Studien auseinandersetzen und es bewirkt natürlich eine gewisse Haltung, wenn man sich fragt: „Freunde ich mich damit an oder will ich es lieber verhindern?" Der derzeitige Zustand ist, dass wir es eher verhindern wollen. Sowohl bei den Steuerberatern als auch bei den Juristen gilt eben das Verbot mit Erlaubnisvorbehalt. Das ist schon alles sehr ähnlich. Es gibt die Hilfe in Steuersachen und es gibt bei den Juristen den Begriff der Rechtsdienstleistung. Diese Begriffe sind so definiert, dass sie sehr raumgreifend das beschreiben, was Steuerberater oder Rechtsanwälte eigentlich tun. Damit soll das Beratungs- oder Tätigkeitsmonopol möglichst stark ausgeweitet und so abgeschottet werden, dass andere in diesen Markt nicht hinein können, und zwar weder aus Deutschland noch aus dem Ausland. Das macht sich dergestalt bemerkbar, dass das ganze Verbot mit Erlaubnisvorbehalt nicht verhindert hat, dass eine sehr bunte, vielfältige, kreative Szene von sogenannten Legal-Tech-Anwendungen entstanden ist. Es ist etwas undurchschaubar, wie erfolgreich das schon alles ist und wie groß diese Unternehmen sind. Hier gilt häufig die Erkenntnis: „On the internet no one knows you are a dog!" Das ist die berühmte Feststellung, dass du dich im Internet präsentieren kannst, und keiner weiß, dass du eigentlich ein Hund bist. Im Internet wirken viele groß und erfolgreich und sind es vielleicht gar nicht.

Aber wie macht sich Legal Tech heute bei den Juristen und auch bei den Steuerberatern bemerkbar? Erst mal durch eine schwierige Definitionsfrage, denn was Legal Tech genau ist, weiß man nicht. Das ist offenbar eine Bezeichnung für eine gesamte Branche, die mit unterschiedlichsten, technischen Anwendungen zu Werke geht und die zum Teil unterstützend, zum Teil ersetzend tätig wird. Das nennt man alles Legal Tech. Wenn man das sortiert und kategorisiert, dann ist bei den Juristen die Verbesserung des Zugangs zum Rechts im Verbraucherbereich ein ganz wichtiger Punkt. Man sollte nicht glauben, dass in einem Land wie Deutschland das Thema „Zugang zum Recht" ein Thema ist, aber es ist ein Thema. Es gibt eine Studie aus dem Jahr 2013 vom GdV, Gesamtverband der Versicherungswirtschaft, wonach 70 % der Bevölkerung aus Sorge vor den Kosten nicht zu einem Anwalt gehen, wenn sie ein Rechtsproblem haben. 70 %! Aus der Gruppe der Jüngeren, also der 19–28-jährigen, sind es 80 %. Das ist der internetaffine Teil der Gesellschaft. Wenn die sich ihr Recht im Internet suchen, sind sie für die Anwaltschaft verloren. Was viele dieser Legal Tech Dienstleister schaffen, ist also ein neuer, bequemer und darüber hinaus risikofreier Zugang zum Recht.

Ein Beispiel dafür ist „Flightright". Flightright ist ein Unternehmen, mit dem Sie für den Fall, dass Ihr Flug Verspätung hatte, sehr einfach Ihren Entschädigungsanspruch durchsetzen können. Das Einzige, das Sie brauchen, ist Zugang zum Internet. Sie müssen Ihre Flugnummer und das Datum eingeben und dann ein paar persönliche Daten, unter anderem Ihre Kontonummer oder Ihren PayPal-Account, und dann errechnet das System, ob Sie wegen eines verspäteten Fluges einen Entschädigungsanspruch haben oder nicht. Wenn es mehr als drei Stunden waren, sind es 250 €. Die zugrunde liegende Verordnung der EU ist über zehn Jahre alt. Sie wurde im Jahr 2005 geschaffen. Aber vermutlich erst seit dem Jahr 2010 werden diese Ansprüche ernsthaft geltend gemacht, denn wenn Sie das geltend machen, ist das gar nicht so trivial. Es ist komplex. Es sind kleine Gegenstandswerte und Sie haben es mit Gegnern – nämlich den Fluggesellschaften – zu tun, die zu allem entschlossen sind. Wenn eine Fluggesellschaft sagt: „Die Verspätung liegt an höherer Gewalt.", was machen Sie als Anwalt? Woher nehmen Sie die Daten, um zu wissen, dass die Verspätung dieses Fluges tatsächlich an höherer Gewalt und nicht nur an fehlerhafter Flugplanung lag? Durch die Bündelung der Ansprüche haben diese Dienstleister es geschafft, ein Geschäftsmodell aufzusetzen, mit dem die standardisierten Ansprüche quasi industriell bearbeitet werden. Es sind ganz einfache Tatbestandsvoraussetzungen und Kunden sind gerne bereit, auf gut 30 % ihres Anspruchs zu verzichten, wenn sie wenigstens irgendetwas bekommen. Man könnte diese Ansprüche auch anders durchsetzen, völlig kostenfrei, entweder beim Bundesamt der Justiz – aber welcher Flugpassagier geht denn zum Bundesamt für Justiz, um einen Anspruch durchzusetzen – oder bei der Schlichtungsstelle für den öffentlichen Nahverkehr, das kostet Sie auch nichts. Aber es erfordert Aufwand, dass Sie sich dem Konflikt stellen. Flightright bietet Ihnen die komplette Konfliktdelegation an. Flightright sagt: „Gib mir Deinen Anspruch und entweder bekommst Du etwas, abzüglich 30 %, oder du bekommst nichts. Aber dann kostet es dich auch nichts, keine Anwaltskosten, kein zum Anwalt Gehen, kein „Was meint der Anwalt mit dem, was der mir geschrieben hat?", keine Rechnung, die man trotzdem bezahlen muss! All das bieten diese Dienstleister an. Sie schaffen einen Zugang zum Recht und auch einen Markt, den es vorher gar nicht gegeben hat. Flightright und die anderen Unternehmen sagen, dass sie seit 2010 einen hohen dreistelligen Millionenbetrag an Entschädigungen erstritten haben. Man denke bloß an das ganze Flug-Chaos im letzten Sommer. Sie lesen in jeder Meldung, dass der Gründer von Flightright, ein Rechtsanwalt, Philipp Kadelbach, zu bestimmten Flugverspätungen, Kommentare abgibt. Die Leute kennen inzwischen Flightright, gehen dorthin und holen sich ihre Kompensation ab. Und die 30 %, die sie nicht bekommen, sind zwar viel, aber es kommt immer auf den Standpunkt an, ob Sie von 100 % runter rechnen oder, ob Sie „von unten nach oben" rechnen. Wenn Sie 70 % ihres Anspruchs bekommen und Sie mehr vielleicht sowieso nicht gekriegt hätten, dann ist das doch ein gutes Ergebnis.

Technologie, die bei der Rechtsdurchsetzung unterstützt, gibt es bisher aber nur in bestimmten Bereichen.

„Wenigermiete.de" ist ein ähnliches Thema. Die Mietpreisbremse hat bestimmte Voraussetzungen und es gibt verschiedene Dienstleister, bei denen Sie online errechnen können, ob Ihre tatsächlich gezahlte Miete mit der ortsüblichen Vergleichsmiete übereinstimmt. Ist das nicht der Fall, gehen Sie zu wenigermiete.de. Dieser Dienstleister hat ein weitgehend automatisiertes Verfahren installiert und setzt sich dann mit dem Vermieter in Verbindung. Er schreibt ihn an und fordert zur Auskunft auf. Das ist derzeit alles hoch streitig. In Berlin gibt es fünf Mietberufungsskammern. Zwei der Mietberufungsskammern sind der Meinung, es sei ein Verstoß gegen das Rechtsdienstleistungsgesetz. Und zwei Mietberufungsskammern sind der Meinung, dass das ein Segen für die Menschheit ist. Das geht jetzt zum BGH. Tatsache ist aber eine Erhebung der Stiftung Warentest, wonach die meisten Ansprüche auf Mietpreisbremse von diesen Dienstleistern durchgesetzt werden. Das ist Verbraucherschutz in Reinkultur aber vielleicht ein Verstoß gegen das RDG.

Ich will damit nur sagen, in diesem Bereich, der teilweise ja auch gar nicht mehr so interessant für Anwälte ist und in dem das System des Rechts versagt, in dem Anwälte Bürger nicht mehr beim Zugang zum Recht unterstützen, kommen diese Dienstleister und assistieren und helfen und tun eigentlich etwas sehr Sinnvolles. Soll das verboten sein? Oder sollte man es nicht lieber regulieren?

Das gibt es auch bei den Steuerberatern. Im Bereich des Steuerrechts war es ja schon immer so, dass es viel Software gibt, mit der Sie Ihre Steuererklärung, wenn Sie sich das zutrauen, selber machen können. Sie können die ganze Buchhaltung selber machen. Sie können es mit Ihren Konten abgleichen und dann wird das ausgefüllt. Das gibt es bei Anwälten nicht. Das ist für uns eine völlig fremde Geschichte. Nun gibt es also Dienstleister, die anbieten, die Steuererklärung machen zu lassen. „Taxbutler" habe ich eben gehört, die gibt es jetzt schon nicht mehr. Aber es gibt eine Software, die auch für Steuerzahler, das sind wir ja alle, den Zugang zur Steuerberatung oder zu steuerbezogenen Services erleichtert. Wie erfolgreich diese Unternehmer sind, das kann ich nicht sagen, aber die Geschäftsidee zu sagen: „Du kannst Dir zwar eine Software kaufen, aber ich biete Dir an, das Handling dieser Software viel einfacher zu machen und übernehme auch den Verkehr mit dem Finanzamt und die Erfassung der Belege und die Verbuchung der Belege", liegt nicht so furchtbar fern. Das heißt, eine Rechtsdurchsetzungsgesellschaft wie bei den Juristen gibt es bei den Steuerberatern nicht. Aber Dienstleister, die das zu ersetzen versuchen, was eigentlich der Steuerberater bei der Unterstützung der Steuererklärung tut, gibt es schon.

Der nächste Punkt sind die sogenannten „Chatbots". Chatbots sind automatisierte Dialogsysteme, bei denen Sie durch ein System von Fragen und Antworten geleitet werden. Das ist so gut gemacht, dass Sie, wenn Sie nicht genau aufpassen, irgendwann vergessen, dass Sie mit einem Computer reden. Es kommt Ihnen so vor – vor allen Dingen, wenn Sie über Facebook oder WhatsApp chatten -, als würden Sie mit Ihren Freunden chatten. Diese Chatbots, die binden sich da ein, wo Ihre normale Kommunikation stattfindet. Wenn Sie also Ihre gesamte Kommunikation über WhatsApp machen, dann haben Sie plötzlich einen Chatbot, dem Sie eine Frage zum Steuerrecht stellen können oder zum Arbeitsrecht oder zum Flugverspätungsrecht. Diese Chatbots sind komplett automatisch. Da steckt keiner mehr dahinter, der tatsächlich auf einen Knopf drückt und sagt, jetzt kommt diese Antwort aus dem System. Das geht völlig automatisch. Da stellt sich natürlich die Frage, ob das noch eine Rechtsdienstleistung oder – übertragen auf den Bereich der Steuerberatung – eine Hilfe in Steuersachen ist, wenn es doch im Grunde genommen nur ein „Wenn-Dann-System" ist, das mithilfe von Technik so zusammengefasst worden ist, dass alleine der Nutzer durch Antworten auf bestimmte Fragen steuert, was aus dem System rauskommt. Da ist keine menschliche Leistung mehr dahinter, die steckt alleine in der Programmierung der Software. Ist das eine Rechtsdienstleistung? Ist das Hilfe in Steuersachen? Ich vermag es nicht zu sagen. Ich kann Ihnen nur sagen, bei den Juristen gibt es eine heftige Diskussionen darüber.

Dieses Dialogsystem hat auch keine technische Sprache, sondern Sie haben einen Dialog, bei dem Sie den Eindruck bekommen, dass sich ein Mensch dahinter verbirgt. Das System kommt also durch den Turing-Test. Turing-Test heißt, wenn man nicht mehr feststellen kann, ob Sie es mit einem Menschen oder mit einem Computer zu tun haben, dann handelt es sich um „Künstliche Intelligenz". Bei diesen Chatbots kann man schon das Gefühl bekommen, dass die verstehen, was man möchte. Das ist natürlich Quatsch. Das ist eine reine Software, die das tut und Sie werden erstaunt sein, was die alles beantworten kann.

Ein nächster wichtiger Punkt sind die Plattformen. Die Plattformen sind elektronische Marktplätze und Begegnungsplätze, auf denen Anbieter und Nachfrager zusammengeführt werden. Das ist die einfachste Art der Plattformen. Jemand sucht nach einem Steuerberater im Internet und er findet über eine Plattform Zugang zu Steuerberatern. Die sind dann vielleicht mit Sternen bewertet und mit Bewertungen von Kunden versehen, so wie bei Tripadvisor. Das macht den Markt transparenter. Für Steuerberater gibt es die Möglichkeit, ihre Leistung bundesweit anzubieten. Man muss nicht mehr der beste Steuerberater der Straße oder des Viertels sein, sondern man kann sich mit einer bestimmten Expertise einen viel größeren Kundenstamm verschaffen.

Ist das regulierungsbedürftig? Kommt das überhaupt der Hilfe in Steuerberatung auch nur nahe? Bei den Juristen stellt sich die Frage: „Darf man dafür Geld nehmen?" Nein, es gibt nach § 49b Abs. 3 BRAO ein Provisionsverbot bei Rechtsdienstleistungen. Aber es gibt natürlich auch Plattformen, die tun etwas mehr. Die sammeln Informationen des Mandanten oder Klienten, strukturieren das, arbeiten das auf und beantworten bestimmte Fragen selber. Diese Plattformen muss man sich auch ansehen, nicht zuletzt auch deswegen, weil die Eingabe von Daten und Dokumenten, die da hochgeladen werden, datenschutzrechtliche Relevanz hat.

In dem Zusammenhang gibt es auch eine völlig neue Art des Marketings und des E-Commerce für Anwälte. Der Kölner Rechtsanwalt Christian Solmecke betreibt auf YouTube den mit Abstand größten europäischen Rechtskanal. Er hat mehr als 220.000 Follower. 220.000 Menschen haben Videos von ihm abonniert und schauen sich das auch an. Bestimmte Videos zu Rechtsfragen, die regelmäßig erscheinen, haben noch viel höhere Nutzerzahlen. Meine Damen und Herren, so viele Leute wie sich die Videos angucken sind noch nie in Ihrem Büro gewesen! Christian Solmecke ist eine Marke geworden in dem Bereich IP, IT, E-Commerce und Social Media. Er macht viele Massenverfahren für Filesharer und Verbraucher und ist nicht nur im Internet, sondern auch in den traditionellen Medien sehr präsent.

Ich habe dann gedacht, bei den Steuerberatern wird es das auch geben. Aber das ist nicht der Fall. Die Steuerberater halten sich vornehm zurück bei der Darstellung im Internet über YouTube. Offenbar finden Steuerberater das völlig unpassend, sich in YouTube, was als ein Jugendkanal gilt, darzustellen. Das findet da alles nicht statt.

Kommen wir nun zu etwas, was uns alle irritiert: die „Künstliche Intelligenz". „Künstliche Intelligenz" ist für uns alle Terra incognita, weil wir nicht genau wissen was da passiert. Manche Programmierer sagen, sie könnten nicht erklären, warum selbstlernende Systeme eigentlich selbstlernend sind. Es gibt einen Haufen von Software und Anwendungen, die Dinge tun können, von denen man sich denkt, „das hätte ich jetzt nicht gedacht, dass Software so etwas kann". Die Engländer haben eine ganz passende Kategorie dafür, die nennen das „jaw-dropping software", also Software, bei der Ihnen der Kiefer runterfällt, weil Sie plötzlich sehen, dass eine Software etwas tut, von dem Sie nie gedacht hätten, dass Software dazu in der Lage ist, zum Beispiel Dokumente zu lesen und zu verstehen und vertragsrelevante Informationen zu exzerpieren und in ein anderes Dokument zu schreiben. Software kann zum Beispiel auch bei einer Due Diligence von Mietverträgen aus 500 Mietverträgen sehr schnell die Mietparteien, die Miethöhe, Mietbeginn und Mietende raussuchen und Informationen wie Mietervorkaufsrechte oder Sonderkündigungsregeln finden. Das funktioniert auch da, wo das Wort „Vorkaufsrecht" oder „Sonderkündigungsrecht" gar nicht erwähnt ist. Die Software schaut sich semantisch an, in welchem Zusammenhang Worte gebraucht werden und wenn es mit einer gewissen statistischen Wahrscheinlichkeit so ist, dass die Verwendung bestimmter Worte in einem bestimmten Zusammenhang immer zwingend etwas mit dem Kündigungsrecht zu tun hat, dann sagt das System: „Schau Dir in diesem Vertrag diese Klausel an, das kann ein Sonderkündigungsrecht sein." Das ist eine Aufgabe, die früher ein gutbezahlter Associate gemacht hat. Manchmal waren auch viele Associates damit beschäftigt. In dieses Feld der Sachverhaltsaufarbeitung und Strukturierung dringt Software ein.

Die Juristen sagen, das habe mit Rechtsdienstleistung nichts zu tun, weil es ja nicht die Subsumtion eines konkreten Rechtsproblems ist. Es ist lediglich die Hilfe bei der Sachverhaltszusammenstellung. Das ist auch richtig. Aber trotzdem fragt man sich: Wird diese Software in der Lage sein, uns zu ersetzen? Was macht eigentlich diese „Künstliche Intelligenz"?

Um Sie zu beruhigen, das Besondere an „Künstlicher Intelligenz" ist, dass es mit Intelligenz überhaupt gar nichts zu tun hat. Es gibt schon keine verbindliche Definition dessen, was Intelligenz ist. Worauf man sich noch einigen kann, ist ,dass es um das Erfassen und das Verstehen von Zusammenhängen und die Befähigung, eine Entscheidung zu treffen, die im Hinblick auf die Informationen und die Zusammenhänge, die Sie vorhergesehen haben, angemessen ist, geht. Das ist wahrscheinlich eine allgemein akzeptable Definition von Intelligenz.

Was sogenannte „Künstliche-Intelligenz-Programme" tun ist, dass sie vergleichen. Sie vergleichen einen Zustand, den man ihnen gezeigt hat mit einem anderen Zustand und dann sagen sie, dieser andere Zustand ist entweder identisch mit dem, was als Muster vorgegeben worden ist oder nicht. Das klingt jetzt sehr technisch. Ein Beispiel ist die Gesichtserkennung. Ihr Gesicht wird fotografiert und dann ist das System in der Lage, aus den vielen Datenpunkten, die aus Ihrem Gesicht gemacht worden sind, in tausenden von anderen Fotos zu erkennen, ob da jemand ist, der die gleiche Zahl von Datenpunkten mit der gleichen Beziehung zueinander hat. Das tut „Künstliche Intelligenz". Die kann tolle Sachen. Aber „Künstliche Intelligenz" ist immer noch nicht in der Lage, sicher zwischen einem Chihuahua und einem Blueberry Muffin zu unterscheiden oder zwischen einer bestimmten Hundeart und gerollten Handtüchern oder Bagels und Welpen im Hundekorb. Das ist auch schwer. Das heißt, diese Software muss natürlich durch sehr viele Daten trainiert werden, durch sehr viele Vergleiche, um sicher sagen zu können, das ist ein Blueberry Muffin und kein Chihuahua oder umgekehrt. Bevor diese Software in der Lage ist, auf eine Frage, die in natürlicher Sprache gestellt wird, in natürlicher Sprache auch zu antworten, dauert es mindestens noch einmal zehn Jahre. Wenn Sie von IBM Watson lesen, das sei schon im nächsten Jahr fällig, dann glauben Sie es bitte nicht, weil es nicht stimmt. Es ist extrem komplex. Alles, was wir tun, was wir mit Sprache tun, ist durch Software nur ganz schwer und kompliziert abzubilden.

Was sind also jetzt die Herausforderungen für die Regulierung, um anzuknüpfen an der „Künstlichen Intelligenz"?

Niemand versteht, wie diese Software zu Ergebnissen kommt. Nun unterliegen Anwälte der Pflicht zur gewissenhaften Berufsausübung. Das heißt, wenn ich Hilfsmittel nehme, die ein Ergebnis produzieren, das ich nicht verstehe oder dessen Zustandekommen ich nicht verstehe, dann habe ich ein berufsrechtliches Problem. Ich weiß nicht, was diese Software mir als Ergebnis liefert und wir müssen uns Gedanken darüber machen, wie wir diesen Bereich der sogenannten „Künstlichen Intelligenz", die dir ein Ergebnis präsentiert und sagt: „So ist es!", überprüfen können. Das Stichwort ist „biased algorithm", also Algorithmen, von denen man transparent sehen will, nach welchen Kriterien die zu welchen Ergebnissen kommen. Das Thema spielt nicht nur bei den Juristen und den Steuerberatern eine Rolle, sondern in vielen anderen Berufen auch.

Für die Juristen stellt sich die Frage: „Was ist eigentlich der Begriff der Rechtsdienstleistung der Zukunft?" Das Rechtsdienstleistungsgesetz hatte immer die Tendenz, ein Verbraucherschutzgesetz zu sein. Aber es zieht Mauern um einen Markt und sagt, dass zum Schutz der Rechtsuchenden nur ganz bestimmte Leute Rechtsdienstleistungen erbringen dürfen. „Rechtsdienstleistung" ist ein so ausufernd definierter Begriff, dass es fast nichts gibt, was keine Rechtsdienstleistung ist. Auch wenn der BGH sagt: „Die rein schematische Anwendung des Rechts ist keine Rechtsdienstleistung.", denkt man heute, alles sei eine Rechtsdienstleistung.

Aber wie gehen wir mit diesen Systemen um, die uns automatisch durch eine „Wenn-Dann-Logik" ein Ergebnis geben? Ist das eine Rechtsdienstleistung oder ist es nur die schematische Anwendung des Rechts in einem vorher programmierten Fall? Wo ist da die Wertschöpfung des Experten?

Ich kann Ihnen darauf noch keine Antwort geben. Ich kann Ihnen nur sagen: „Jetzt fängt die Diskussion an!" Und dieser Diskussion sollte man sich nicht verschließen, sondern man sollte sie führen! Es führt zu einem Informationszuwachs beim Mandanten. Die Informationsasymmetrie zwischen dem Experten und dem Nachfrager wird geringer. Das verändert das Verhältnis zwischen Anbieter und Nachfrager. Für uns ist es gut, je größer das Informationsgefälle ist, desto besser fürs Geld. Das ist die Faustformel. Wenn das geringer wird, dann muss man für das Geld eine andere Regel finden. Technologie ersetzt Tätigkeiten, die bisher von Experten erledigt wurden. Und man muss sich fragen, ob das nicht eigentlich daran liegt, dass die Experten Tätigkeiten übernommen haben, für die man zwar eigentlich keine Experten braucht, mit denen man aber sehr erfolgreich und gut Geld verdienen kann. Oder ist es tatsächlich so, dass man die Tätigkeit von Experten neu definieren muss?

Meine These ist, Technologie zwingt uns, uns auf das zu besinnen, was wir wirklich gut können und Technologie ermöglicht neue Verbindungen und Schnittstellen zwischen Ihnen und Ihren Kunden. Ob Sie in Deutschland sitzen oder ob Sie im Ausland sitzen, Sie können bestimmte Dienstleistungen einfach an den anbieten, der ein internetfähiges Handy hat. Das schafft Erleichterungen und es schafft Risiken. Es schafft den Raum für Anbieter, die das vielleicht nicht anbieten sollten. Es schafft Erleichterungen, in dem Belege nur noch fotografiert und hochgeladen werden müssen. Sie müssen diese nicht mehr verschicken. Es gibt eine automatische Belegerkennung, Sortierung und Verbuchung. All diese Dinge gibt es, das ermöglicht der Informationsaustausch auf Plattformen. Da müssen sich die Berufsgruppen angucken, was davon aus welchen Gründen regulierungsbedürftig ist, nicht nur wegen des Datenaustausches, sondern auch wegen der Vertraulichkeit des Informationsaustausches. Und man muss sich anschauen wie sichergestellt wird, dass nur diejenigen das anbieten, die tatsächlich dort zugelassen sind.

Die Technologie wird sich durchsetzen, daran habe ich keinen Zweifel, denn die Technologie wird immer besser und immer mächtiger. Die Aufgabe von Berufsrecht ist, sich proaktiv diesem Thema zu stellen, um es dann zu gestalten und nicht defensiv in Ablehnungshaltung zu gehen. Ich will Sie noch einmal daran erinnern, der Mensch sucht sich immer den einfachsten Weg. Und wenn es einen einfachen Weg zu einem Berater gibt, dann wird er den einfachen Weg gehen. Da können Sie designen, was Sie wollen. Die Menschen gehen immer den Weg, der Ihnen am angenehmsten und einfachsten erscheint. Und glauben Sie nicht, Sie können das wegregulieren. Menschen lassen sich nicht durch unvernünftige Regelungen regulieren, die tun dann das, was ihnen am einfachsten erscheint. Also lassen Sie uns lieber überlegen, was wir daran wie ändern oder gestalten müssten, damit das, was sogenannte „user experience" ist und das, was wir erreichen wollen, möglichst nah bei einander sind.

II. Statements

Prof. Dr. Thomas Mann

Meine sehr verehrten Damen und Herren, als Vorsitzender des Arbeitskreises darf auch ich Sie hier im Auditorium Friedrichstraße begrüßen. Unser Programm sieht vor, dass wir das Impulsreferat mit einer Diskussionsrunde vertiefen.

Ich darf als erstes Herrn Hartung, der uns in dieses Thema eingeführt hat, für sein Referat danken. Sehr anschaulich wurden die digitalen Möglichkeiten aufgezeigt und gleichzeitig auch die Fragen aufgeworfen, denen wir uns im Berufsrecht stellen müssen.

Auf Grund Ihres Hintergrunds war Ihr Blick von der Anwaltssicht geprägt. Wir möchten das Podium gern um die Steuerberaterseite ergänzen. Zum einen ist jetzt auch Herr Dr. Stein bei uns auf dem Podium, den Sie alle kennen und den ich als Vizepräsidenten der Bundessteuerberaterkammer nicht vorstellen muss.

Neben ihm haben wir Herrn Dr. Meyer-Pries von der DATEV. Er ergänzt die Steuerberaterseite, obwohl er selber kein Steuerberater, sondern IT-Fachmann ist. Wir erhoffen uns von Ihm, dass er uns erzählt, was im Bereich der Steuerberatung technisch möglich oder vielleicht demnächst von Seiten der DATEV geplant ist. Sicherlich wird die Rolle der DATEV auch hier in diesem Kreis ein Thema sein, wenn es darum gehen wird, inwieweit das Angebot von Softwarelösungen aus Sicht des Berufsstandes über gemeinsame Plattformen kanalisiert werden sollte. Wie wir eben gesehen haben, ist diesbezüglich noch nichts da. Vielleicht wäre jetzt eine gute Gelegenheit das Feld zu besetzen.

Als vierten Diskutanten haben wir den Ökonomen und Politikwissenschaftler Herrn Dr. Wenzler eingeladen. Er war viele Jahre Geschäftsführer der erfolgreichen Bucerius Law School und wechselte 2016 zu Baker McKenzie. Als Chief Strategy Officer (CSO) nimmt er dort die langfristige Strategie – also die Zukunft der Großkanzleien – ins Auge. Notwendigerweise spielen Fragen der Digitalisierung dabei eine große Rolle. Zudem habe ich gesehen, dass er Vorsitzender der European Legal Tech Association ist. Insofern sind Sie der richtige Mann, um an der Diskussion teilzunehmen. Wir erhoffen uns von Ihnen aus erster Hand eine Inspiration dahingehend, dass wir nicht nur Ängste schüren, sondern, wie soeben auch von Herrn Hartung aufgezeigt, die Chancen und Möglichkeiten begreifen, die eine Konzentration auf das Kerngeschäft der Steuerberatung mit sich bringt.

Vielleicht können Sie beginnen, Herr Dr. Meyer-Pries, und schildern, wie das von Herrn Hartung Vorgestellte aus Sicht der Steuerberater aussieht.

Dr. Lars Meyer-Pries

Ich werde versuchen, von der breiten Sicht noch mal etwas konkreter auf das Thema Steuerberatung sowie Automatisierung der Steuerberatung einzugehen. Ich möchte einige Punkte kurz herausgreifen, die diese Podiumsdiskussion vielleicht noch etwas anregen oder unterstützen könnten bezüglich der ungelösten, vor uns liegenden Fragen und Hausaufgaben.

Vorab möchte ich anmerken, wenn ich im Rahmen der Digitalisierung von drei ausgewählten Risikofeldern spreche, dann setzen Sie sich bitte nicht an dem Begriff Risiko fest. Denn um das gleich vorweg zu nehmen: Ich persönlich sehe die Chancen für den Berufsstand oder auch für die Berufsstände bei weitem überwiegen. Wie bereits angemerkt, ist es natürlich trotzdem aus strategischer sowie berufsständischer Sicht sehr wichtig, sich damit auseinanderzusetzen.

Was wir zum einen ganz stark beobachten und Grund dafür, dass wir als DATEV die Satzungsänderung forciert und durchgeführt haben, ist die Tatsache, dass sich Portalanbieter im Kontext einer sogenannten „Plattformökonomie" zwischen Mandanten und Berater schieben. Das halten wir, nicht nur weil es aktuell schon zu beobachten ist, für besonders relevant, sondern weil diese Entwicklung eine sehr beachtenswerte disruptive Kraft entfaltet. Wir als DATEV haben bereits angekündigt, darauf zeitnah im Sinne unserer Mitglieder zu reagieren.

Die Automatisierung von Beratungsleistungen – Stichwort „Künstliche Intelligenz (KI)" – wurde gerade schon angesprochen. Die stellt natürlich einige Skills infrage. Ich werde darauf gleich noch näher eingehen und aufzeigen, mit welchem Zeitraum wir in dem einen oder anderen Fall zu rechnen haben. Die Freiberuflichkeit und die Tatsache der Vorbehaltsaufgaben bedingen sich meines Erachtens gegenseitig bei der Digitalisierung. Je weiter wir mit der Digitalisierung kommen, desto mehr gerät die Frage „Was ist überhaupt noch freiberuflich?" unter

Druck. Wenn wir die Antwort auf diese Frage gemeinsam herausarbei-
ten, dann haben wir eine gute Basis, um den Kern der Expertise, den
der Berufsstand hat und auch weiterhin haben wird, in den Vordergrund
zu stellen.

Ebenfalls müssen wir die Disruption von Technologien und Geschäfts-
modellen im Auge behalten. Portale sind ein disruptives Beispiel, aber
bei Leibe nicht das einzige. Ich habe hier zum Beispiel auch das Stichwort „Blockchain" genannt, ein sehr disruptives Thema, das im Moment
unter technologischen Aspekten als „Buzzword" durch die Lande geht.
Wenn die Dokumentation von Geschäftsvorfällen zukünftig ein automa-
tisches Abfallprodukt des tatsächlichen realen Geschäftsverfalls ist, der
elektronisch abgebildet wird, und die Verbuchung dieses Geschäftsvor-
falls sowie die Verfolgung, Dokumentation und Prüfung automatisch ein
Anhängsel eines solchen „Blockchain" gesteuerten Prozesses ist, dann
ist das disruptiv. Hier müssen wir alle gemeinsam aufpassen, wohin
uns das führt und vor allem, wie wir für den Berufsstand auch weiterhin
die Beratung bzw. die Daten sichern können, auf denen die Beratung
basiert.

Wenn Sie mich jetzt aus Sicht des IT-Dienstleisters fragen, wie schnell
das geht und was wir zu erwarten haben, kann ich anmerken, dass dies
natürlich nichts Neues ist und Systeme schon lange Zeit entschei-
dungsunterstützend sind. Nur reden wir dabei bisher oft über regelba-
sierte Systeme, über heuristisches Wissen und Entscheidungsbäume,
die der Berater als „Assistenzsystem" begreifen kann. Anhand von
„Wenn-Dann-Regeln" kann hierbei nachvollzogen werden, warum das
System so entschieden hat. Dies wird sich zukünftig aber ändern.

Wie wir gerade gehört haben, wird es demnächst tatsächlich Chatbots
und proaktive Frühwarnsysteme geben, die abhängig von der Daten-
verfügbarkeit auf auffällige Konstellationen hinweisen und weitere As-
sistenzsysteme, die mehr tun als nur enge Problembereiche zu analysieren. Dabei geht es nicht nur um den Bereich der Recherche, wo wir
im Legal-Tech-Bereich schon sehr viel beobachten, sondern eben um
daten- und interviewgetriebene, handlungsbedarfsorientierte Empfehlungen sowie das Erkennen von Beratungspotenzialen und das Aufzeigen von strukturierten Lösungsansätzen.

Ich schätze in drei bis fünf Jahren wird es soweit sein, dass repetitive
Aufgaben, sprich Routinetätigkeiten, wie zum Beispiel das Buchen oder
das Ausfüllen von Steuererklärungen, vollautomatisiert sind – Stichwort

FIBU-Automatisierung. Hier liegt der Übergang von einem Assistenzsystem, das noch vom Berater beeinflusst wird, zu einem System, bei
dem alle Daten verfügbar sind und eine Vollautomatisierung möglich
ist. Genau an dieser Grenze stellt sich die Frage, wo die Freiberuflichkeit anzusiedeln ist.

Anhand des doch recht trivialen Buchungsbeispiels möchte ich aufzei-
gen, dass sich aber auch hier Fragen stellen, die durchaus als positiver
Kontext des Einflusses der Freiberuflichkeit zu betrachten sind. Denn
auch ein neuronales Netz, ein Buchungsautomat, der trainiert wird, hat
gewisse Konfigurationsnotwendigkeiten, mit denen ich aus statistischer
Sicht konfigurieren und vorgeben muss, welchen Vertrauensgrad eine
Buchung haben kann oder haben soll – sozusagen die Konfidenz der
Buchungen.

Wenn ich beispielsweise eine 99%ige Sicherheit bei der Richtigkeit der
Buchungen haben möchte, dann nehme ich unter Umständen in Kauf,
dass 18,6 % der Buchungen nicht automatisch erzeugt werden. Diese
werden dann also weiterhin von einem Experten getätigt. Sprich: Je
höher die gewünschte Sicherheit, desto mehr nehme ich in Kauf, selbst
Nacharbeiten tätigen zu müssen. Andersherum betrachtet: Wenn ich
mehr Unsicherheit in Kauf nehme, kann ich auch mehr automatisieren.
Diese Sichtweise ist auch auf viel kompliziertere Fälle übertragbar.

Das führt zur Konfigurationsfrage, zur Anforderung an Verständnis und
Training: Was sind denn die Daten, von denen ich das Ganze loslaufen
lasse? Sind das die Daten des einzelnen Mandanten? Oder aller Mandanten aus dieser Branche in meiner Kanzlei? Die Daten aller meiner
Mandanten oder alle Daten aller Mandanten, die ein IT-Dienstleister
auswerten kann? Hier stellen sich zahlreiche Fragen, die durchaus be-
einflussbar, bewertbar und relevant sind. Bezüglich des Stichwortes
„selbstlernendes System" ist anzumerken, dass die Mehrheit dieser
Systeme auf einem „überwachten Lernen" beruhen, sodass der Experte
immer noch sowohl das Trainieren selber als auch die Einschätzung
des Ergebnisses betrachten bzw. bewerten muss.

Allein durch dieses einfache Beispiel wird deutlich, dass KI bei näherer
Betrachtung nichts ist, was ganz automatisch Verantwortung weg-
nimmt. Vielmehr wird KI den Menschen noch lange Zeit stark fordern,
besonders wenn der Mensch in der Rolle eines Steuerberaters als
Dienstleister und als Outsourcing-Partner agiert und eine Delegation,
im Sinne von Vertrauen, bekommt, für die er auch qualitätsmäßig steht.

Fällt die Eigenverantwortung durch den Einsatz von KI weg? Wie bereits angemerkt wurde, stellt sich meines Erachtens die Frage in dieser Form nicht. Künstliche Intelligenz wird sich ihren Weg suchen und was technologisch möglich ist, wird umgesetzt und – sofern nützlich – auch eingesetzt werden. Die Frage ist eher: Wie baue ich KI in meinen Berufsalltag ein, damit ich gegebenenfalls nicht irgendwann fahrlässig handele, wenn ich die technische Unterstützung nicht in Anspruch nehme. Solche Thesen werden tatsächlich bereits diskutiert – hierzu verweise ich auf Prof. Dr. Fettke vom Deutschen Forschungszentrum für Künstliche Intelligenz (DFKI). In diesem Spannungsfeld gilt es die richtigen Antworten zu finden und meinem Vorredner folgend glaube auch ich, dass dies nicht von heute auf morgen passieren wird. In Bezug auf Routinetätigkeiten wird die Entwicklung jedoch schneller voranschreiten und die Steuerberatung hinsichtlich der heutigen Abläufe und Arbeitsorganisation stark verändern. Was möglich und hilfreich ist, wird zum Einsatz kommen und sich seinen Weg bahnen.

Trotz allem sollten wir als Berufsstand gemeinsam die Chancen und Risiken angemessen bewerten und aus unserer starken Position heraus – möglichst heute und frühzeitig – das Ganze gestalten. Dazu sollten solche Veranstaltungen wie heute konsequent genutzt werden, um diejenigen, die von außen, von der Seite, aus dem Ausland usw. eindringen könnten, in unserem berufsrechtlichen Sinne abzuwehren. Vielen Dank!

Prof. Dr. Thomas Mann

Herr Wenzler, Routineangelegenheiten treten in einer Großkanzlei nicht auf. Wenn ich das richtig verstanden habe, haben Sie daher eine andere Herangehensweise. Müssen Großprojekte von vornherein langfristig geplant werden oder gehen Sie intuitiver ran? Gucken Sie sich Dinge aus der IT-Branche ab? Wenn Sie uns darüber vielleicht kurz etwas erzählen könnten.

Dr. Hariolf Wenzler

Zunächst vielleicht der Hinweis darauf, dass es doch noch eine ganze Reihe großer Kanzleien gibt, die noch immer viel Geld mit Tätigkeiten verdienen, die ich als repetitiv einschätzen würde und die durchaus im Laufe der Zeit ersetzt werden können. Ich glaube, dass es nicht nur bei den großen Anwaltskanzleien so ist, sondern dass davon ganz weite

Bereiche der „Professional Service Firms" in ihrem heutigen Zustand betroffen sind.

Ich möchte Ihnen eine Geschichte eines Mandanten erzählen, die uns dazu bewegt hat, unsere Haltung zum Thema zu verändern. Bezugnehmend auf das schöne Bild von Markus Hartung zur „user experience" haben wir festgestellt, dass sich das, was Mandanten und Kunden tatsächlich wollen, auch durchsetzen wird. Die Frage ist: „Wie sind Anwaltskanzleien darauf vorbereitet, Kundenbedürfnissen tatsächlich gerecht zu werden?"

Unsere Kunden – und jetzt berichte ich eben aus der Welt von Baker McKenzie – sind Anwalts- bzw. Rechtsabteilungen großer, überwiegend internationaler Unternehmen. Aus unserer Sicht ist eine gute Anwaltskanzlei eine, die auf die Anforderungen und Veränderungen der Kunden zu reagieren versteht. Das ist eine Herausforderung, die viel größer ist als der Einsatz der einen oder anderen Software. Das haben wir in den letzten zwei Jahren sehr intensiv festgestellt.

Es geht also nicht um die Frage, ob wir Kira, Raven oder eBrevia zur automatisierten Due Diligence einsetzen. Das ist sozusagen die Standardform des Lesens von Verträgen heutzutage. Die Frage ist, wie wir uns als Firma darauf vorbereiten, dass sich die Anforderungen auf Mandantenseite in der Geschwindigkeit verändern, in der sich das Geschäftsmodell vieler Unternehmen verändert. Meines Erachtens fordert uns das vielmehr heraus, als wir vermutet hatten. Hier möchte ich ein Beispiel eines schwäbischen Automobilherstellers einbringen. Der Leiter der Rechtsabteilung wurde gefragt, ob er zwei seiner Mitarbeiter für einen swarm abstellen könne. Der swarm würde aus 100 Leuten aus der ganzen Welt bestehen – Ingenieure, Datentechniker, IT-Leute, Ökonomen sowie eben Juristen – und sich mit dem Thema autonomes Fahren beschäftigen. Der Leiter der Rechtsabteilung antwortete: „Ich habe niemanden, der so etwas kann! Und ich habe zwei Möglichkeiten: Entweder ich entbehre die zwei, die mir sowieso nicht fehlen, die werden jedoch nicht helfen. Oder ich überlege mir, wer es am ehesten verstanden hat und schicke die dorthin. Dann fehlen mir aber die besten Leute!"

Für eine Anwaltskanzlei, wie für uns, war das ein Weckruf. Wenn wir in der Lage sein wollen, Mandanten zu beraten, die anfangen so zu arbeiten, müssen wir uns selber entwickeln und zwar nicht nur in einer Art und Weise, dass wir nur mit der Technologie arbeiten – das ist lediglich eine Voraussetzung.

Als Beispiel möchte hier WhatsApp ins Spiel bringen. Ohne Handy können wir mit WhatsApp schlecht kommunizieren – das Handy ist praktisch hier die Voraussetzung. Durch diese App sind wir schneller, informeller und kriegen eher eine Antwort – nicht antworten, ist eher unüblich. Was sich damit verändert hat, ist der ganze Kommunikationsstil. Die Technologie stellt lediglich die Voraussetzung dar. Was sich aber ändert ist eine Haltung, eine Arbeitsweise oder eben ein Kommunikationsstil. Was in den großen Kanzleien gerade passiert ist, dass dieser Umbruchprozess stattfindet. Gewinnen werden Kanzleien, die in der Lage sind, sich an diese Form des Kommunizierens, des Arbeitens, des Herangehens an Probleme, anzupassen. Kanzleien, die in der Lage sind agil zu arbeiten und die in der Lage sind, mit Ihren Mandanten gemeinsam Probleme zu lösen. Vor allem Kanzleien, die so etwas wie eine „user safari" einmal gemacht und sich gefragt haben, wie ein Mandant die eigene Kanzlei eigentlich erlebt, wenn er durch die Tür kommt oder anruft. Wie sieht das eigentlich aus? Wie ist diese Customer Journey?

Dinge, die in einem regulierten Beruf, wie Anwaltskanzleien, lange denkfremd waren, werden heute selbstverständlich, weil das eben in den Unternehmen der Kunden passiert, weil eben ein Automobilhersteller das selbstverständlich kann und eben, weil der Automobilhersteller selbstverständlich seine Rechtsabteilung zwingt, sich ebenso zu verhalten. Nur so kann die Rechtsabteilung als Business-Partner eine Rolle bei der Entwicklung der relevanten Themen spielen. Und wer passgenau als Outside-Council liefern will, der muss von der Arbeitsweise in der Lage sein, anschlussfähig mit solchen Unternehmen zu arbeiten. Das heißt, für uns ist die Digitalisierung eine echte Transformation des gesamten Geschäftsmodells.

Wir stehen mit Sicherheit noch am Anfang, aber am Ende werden agile Teams das Management ersetzen und anstatt „Key Performance Indicators (KPIs)" werden inzentivere Leute bunter Teams aus Juristen und Nichtjuristen an Problemen arbeiten und diese lösen. Völlig anders, als wir das heutzutage kennen.

Prof. Dr. Thomas Mann

Danke für Ihren Blickwinkel, der in die Organisationen der Unternehmen oder Kanzleien hineingeht. Mit dem man lernt, aus Sicht der User zu denken und der im Grunde auch die Strukturen verändert.

Herr Stein, haben Sie schon mal eine „Kunden-Safari" in Ihrer Steuerberaterkanzlei gemacht? Sie haben von allen Podiumsteilnehmern den besten Zugriff auf die Steuerberater und auch die Erfahrung, die Sie selber in Ihrer täglichen Arbeit mit der digitalen Welt machen. Vielleicht sagen Sie uns dazu etwas?

Dipl.-Ing.-Ök. Dr. Holger Stein, StB

Das Feld ist natürlich sehr breit, Safari im wahrsten Sinne des Wortes. Da gibt es unterschiedliche Spezien in verschiedenen Lebensbereichen. So ist das in unserem Mandantenportfolio auch. Wir haben es hier mit einem unterschiedlichen Entwicklungsstand betreffend der Gestaltung der organisatorischen Anforderungen und der Hilfs- und Begleitungsprozesse zu tun. Insofern ist man jeden Tag hin und hergerissen, den Einen zu schieben, den Anderen zu ziehen und den Dritten zu bremsen. Und insofern glaube ich schon, dass der klassische Steuerberater – es gibt natürlich eine große Differenzierung, auch bei uns im Berufsstand – in der Berufsausübung in diesem Bereich so arbeitet, so auch die Unternehmen begleitet und an dieser Stelle auch mit dem Unternehmer zusammen Herausforderungen definiert, aber auch Herausforderungen umsetzen muss.

Ich möchte aber zunächst nochmal bestimmte Fragestellungen definieren, denn im steuerberatenden Beruf sind wir beim Thema Digitalisierung schon fünf vor zwölf.

Ausgangsbasis ist, dass der steuerberatende Beruf für Digitalisierung und alles, was damit zusammenhängt, in Gänze offen ist. Weil aber eine Steuerberaterkanzlei, anders als die eines Rechtsanwalts, pyramidenförmig aufgebaut ist, erreicht uns das, Herr Hartung, noch viel schneller als den Anwalt. Ich habe in einer Kanzlei in der Regel einen Steuerberater oder mehrere. Ich habe dann verschiedene qualifizierte Mitarbeiter im Unterbau, die bestimmte Prozesse übernehmen, verdichten und entscheidungsrelevant vorbereiten, damit der Steuerberater tatsächlich beratend tätig werden kann, bzw. in dem Bereich aufsetzen kann. Dieser pyramidenförmige Aufbau führt dazu, dass bestimmte Bereiche der Digitalisierung leichter zugänglich sind und dies zumindest nicht ganz bedeutungslos ist für den Steuerberater. Ein Flugrechner tut dem Anwalt sicherlich noch nicht so weh. Wenn aber die gesamte Finanzbuchhaltung von Lieferanten eingespielt wird und der Großhändler wie auch der Einzelunternehmer, der das für sein Unternehmen braucht, die Finanzbuchhaltung inkludieren, dann hat das natürlich einen zusätzlichen Effekt. Da ist sich Amazon nicht zu schade in dem Bereich selbst die Umsatzsteuervoranmeldung – nicht direkt, sondern über Dritte – anzubieten und damit einen entsprechenden Mehrwert zu generieren. Das ist dann eine andere Situation.

Ähnlich ist es mit dem Thema Taxfix. Da haben wir zumindest gelernt, dass dieses Thema sehr kapitalintensiv ist. Um solche Prozesse zu gestalten, muss man Kapital bündeln. Das überfordert den einzelnen Berater. Das motiviert natürlich aber auch global arbeitende Unternehmen, in diesen Markt einzudringen. Bei Taxfix ist es nämlich so, dass einer der Miteigentümer von PayPal, erstmal einen „kleinen" Einstand von 11,8 Millionen Euro eingebracht hat. Jetzt will ich Herrn Dr. Meyer-Pries nicht fragen, was die DATEV dafür so ausgibt.

Insgesamt ist die Situation also sehr ernst und wir müssen uns dieser Entwicklung stellen.

Was das Berufsrecht angeht, da bin ich nicht ganz bei Ihrem Bild, Herr Hartung. Sie hatten auf allen Bildern mit den Abkürzungen immer schönes Wetter. Wenn es aber regnet, dann weiß ich nicht, ob ich den unbefestigten, matschigen Abkürzungsweg gehen würde, oder ob ich vielleicht doch lieber den vorgegebenen befestigten Weg gehen würde. Das ist die Aufgabe des Berufsrechtes, die Rahmenbedingungen für die berufliche Tätigkeit zu setzen. Die Rahmenbedingungen sollen aber nicht protektionistisch nach hinten gerichtet sein, sondern sie müssen auch im Interesse der Entwicklung des Berufsstandes natürlich progressiv nach vorne gerichtet sein. Das heißt, über Dinge, über die wir vor 20 Jahren nachgedacht haben, brauchen wir heute nicht mehr nachdenken. Wer sich im Berufsrecht ein bisschen auskennt, der hat in den neunziger Jahren noch gehört, dass man die Größe des Praxisschildes gemessen hat. Da gab es noch einen Haufen Werbevorschriften. Das sind alles Themen über die wir heute nicht mehr reden. Und so müssen wir heute eben darüber nachdenken, wo die Grenze für steuerberatende Dienstleistung ist. Das müssen wir aufgeschlossen und offensiv betrachten. Denn wenn die Bundesregierung nicht in der

Lage ist, von globalen Unternehmen die Steuern einzukassieren, dann wird die Bundessteuerberaterkammer oder werden die Steuerberaterkammern in den Regionen mit ihrem scharfen berufsrechtlichen Schwert auch nicht unterbinden, dass sich bestimmte globale Player in bestimmten Bereichen betätigen, die jetzt unter das Steuerberatungsgesetz fallen. Das ist Illusion und das wäre ein Engagieren in die falsche Richtung. Also müssen wir jetzt versuchen, auf vernünftiger Basis die Rahmenbedingungen zu schaffen, sowohl für uns selbst als auch für die technologische Entwicklung und natürlich auch für unsere Genossenschaft, denn es sind ja doch auch eine ganze Menge an Kollegen, die eben Genossen der DATEV sind. Wir können nicht heute berufsrechtliche Regelungen diskutieren und morgen unserer Genossenschaft sagen: „Das ist zwar eine gute Idee von dir, aber das müssen wir berufsrechtlich zurückpfeifen." Das ist das Dilemma, in dem wir uns befinden. Daraufhin haben wir uns im zuständigen Ausschuss der Bundessteuerberaterkammer und auch im Präsidium gefragt: „Wo ist die Grenze? Wo ist ein Portalanbieter noch im Bereich der Systematisierung der Rechtsfindung, der Rechtsanwendung, der Recherche? Und wo kommen wir in den Bereich, dass eine berufsrechtliche Grenze überschritten wird?" Wir haben versucht, das so zu definieren, dass die Grenze überall da, wo etwas schematisch angewandt wird, überall da wo ein Buch, eine Tabelle oder ein Frage-Antwort-Katalog ersetzt wird, die Grenze nicht überschritten ist. Dann liegt etwas in elektronischer Form als neues Arbeitsmittel vor, das lediglich ein anderes Arbeitsmittel ersetzt, das ersetzt aber keinen anderen, qualitativen Inhalt. Die Grenze sehen wir momentan im Bereich der individuellen Rechtsanwendung, im Bereich von Entscheidungen und Wertungen. Das ist jetzt noch etwas schwammig, das wissen wir. Das möchten wir hier gern weiter diskutieren und vertiefen, um in dieser Richtung möglicherweise zu einer belastbaren Größe zu kommen.

Ich will noch kurz über eine Auffanglinie sprechen, die wir dabei zu beachten haben. Denn wir haben ja noch die europäische Kommission, sonst wäre es an dieser Stelle zu einfach. So gibt es im Zusammenhang mit dem Steuerberatungsgesetz auch gerade wieder ein neues Wettbewerbsverfahren gegen Deutschland. Die europäische Kommission hat zum Beispiel eine Reformempfehlung für das Berufsrecht herausgegeben. Da heißt es, der Umfang der vorbehaltenen Tätigkeit sei zu präzisieren, damit die Bereitstellung von Dienstleistungen der Rechtsberatung durch Rechtsanwälte und andere Dienstleister für Onlinedienste erleichtert wird. Die Kommission versteht darunter mit Sicherheit nicht, dass wir in Deutschland sagen, diese ganzen Portale seien nicht zulässig. Im Gegenteil, wenn man das laufende Verfahren kennt und verfolgt, dann ist die Auffassung der Kommission, dass Deregulierung Wettbewerb schafft und der Markt dann viel einfacher funktioniert. Das heißt, das ist die Auffanglinie, die wir auf jeden Fall sehen müssen. Diese Auffanglinie wird auch zu beachten sein, wenn wir solche berufsrechtlichen Debatten wie heute führen.

Daher muss man sich dann vielleicht trauen, eine Gesetzesinitiative zu ergreifen, um Sicherheit und Präzisierung in das Steuerberatungsgesetz zu bringen. Insgesamt ist das Thema aufgrund der von den Anwälten zu unterscheidenden Tätigkeit im steuerberatenden Beruf schon viel akuter und müsste daher viel schneller einer gesetzlichen Regelung zugeführt werden. Nur so kann der Berufsstand für die Zukunft fit aufgestellt werden, damit er zukünftig unter veränderten Bedingungen und vielleicht mithilfe von solchen Elementen, wie Herr Dr. Meyer-Pries sie vorhin auch dargestellt hat, seine Mandanten gut und vernünftig beraten kann.

III. Podiumsdiskussion

Prof. Dr. Thomas Mann

Das ist natürlich ein neuer Gesichtspunkt, der aber durchaus zutreffend ist. Die europäische Sicht ist immer die Deregulierungssicht und alle jetzigen Möglichkeiten passen natürlich sehr gut unter die Flagge der Regulierung.

Bringen wir einmal auf den Punkt, wo unser Problem liegt. Unser Recht kennt für die Steuerberater die Vorbehaltsaufgaben und es stellt sich die Frage: Was ist mit der Zukunft der Vorbehaltsaufgaben? Laufen wir möglicherweise darauf hinaus, dass wir das soeben genannte Massengeschäft für das Berufsrecht aufgeben müssen und das alles, was elektronisch erstellt werden kann, nicht mehr durch das Berufsrecht zu rechtfertigen ist?

Die Vorbehaltsaufgaben nehmen Sie als Steuerberater wahr, weil Sie besonders ausgebildet sind, ein Vertrauensvorschuss besteht und aus Gründen der Qualitätssicherung einer besonderen berufsrechtlichen Aufsicht unterliegen.

Angebote von denjenigen, die keine Steuerberater sind, unterliegen dieser Aufsicht nicht. Läuft es möglicherweise darauf hinaus, dass wir uns von gewohnten Geschäftsfeldern trennen müssen, die dann in einem anderen Wettbewerbsmodell erledigt werden?

Dr. Hariolf Wenzler

Hier kann ich vielleicht etwas aus einer Veranstaltung mit Radiologen beitragen. In deren Abrechnungen taucht folgende Frage auf: „Wie viel ärztliche Leistung steckt im Befund?" Diese Frage ist höchstrichterlich ausgeurteilt, 36 Sekunden!

36 Sekunden gelten bei Radiologen als ausreichend, sprich der Radiologe kann zur Tumorerkennung sämtliche Techniken, Mechaniken, Maschinen und künstliche Intelligenzen einsetzen. So lange er sich mindestens 36 Sekunden mit jedem Bild beschäftigt, verbleibt es bei einer abrechenbaren, radiologisch-menschlichen Dienstleistung. Ich fand es interessant, dass in einem Bereich mit weit fortgeschrittener Automatisierung, am Ende des Tages doch noch auf den prüfenden Blick des

Arztes gesetzt wird. Und vor allem, dass genau ausgeurteilt wurde, wie lang der Blick sein muss, damit die Leistung noch als menschlich und abrechenbar anerkannt wird.

Vielleicht ist es also gar nicht so, dass einfache Tätigkeiten nur von Maschinen und andere Tätigkeiten nur durch Menschen erbracht werden. Sondern, dass sich die Tätigkeiten vermischen werden, sprich Maschinen menschliche Entscheidungen vorbereiten und dabei helfen, eine Wertschöpfung zu erbringen. Der menschliche Anteil wird aber immer ein unauflöslicher Teil des Angebots oder der Leistung insgesamt sein.

Dr. Lars Meyer-Pries

Sie hatten eingeleitet: „Da fällt vielleicht etwas weg." Ich glaube, man muss – wie Sie es auch schon angedeutet haben – den Prozess ganzheitlicher sehen. Man muss anfangen, den Prozess so zu sehen, dass der Steuerberater nicht nur die repetitive Buchführung betreut, sondern das System einrichtet und konfiguriert. Ich hatte vorhin bewusst den Begriff Konfiguration mehrfach verwendet. Wir müssen in Vorsystemen denken. Wir müssen schauen: Wie kommen überhaupt welche Daten, in welcher Qualität, in welchen Prozessen regelmäßig und sauber in die Systeme? Wie kann ich die Daten im Moment der Entscheidungsrelevanz verwerten?

Wir müssen die Buchführung zum Beispiel als etwas sehen, dass in eine Beratungsrichtung geht. Wenn man das so betrachtet, dann kommt der eigentliche Charakter der beratenden Tätigkeit heraus und bei Verwendung der richtigen Technik können dann auch repetitive Tätigkeiten wunderbar eingebaut werden.

Aus meiner Sicht müssen wir neu denken. Wir müssen nicht den Buchhalter nach vorne stellen, sondern in dem Fall in Richtung „Compliance Coach" denken. Der Compliance Coach des Mandanten übernimmt solche Prozesse. Der Mandant kann sich zurücklehnen. Er hat die Ruhe, dass der Berater ihm von der Konfiguration bis zur Entscheidungsunterstützung im richtigen Moment das alles abnimmt.

Prof. Dr. Thomas Mann

Ihre beiden Blickwinkel waren wieder solche aus Sicht der Kanzlei. Da bin ich bei Dr. Stein, der sagt, er habe in der Vergangenheit auch Steuerfachgehilfen eingesetzt, die ihm die Sachen vorbereitet hätten. Dennoch habe am Ende er selbst die Entscheidung getroffen oder er habe Tabellen etc. benutzt – ähnlich wie bei den Radiologen. Das Neue ist hier doch aber, dass im Grunde der Mandant selbst mit Hilfe des Internets alles erstellt. Das ist ein ganz anderer Ansatz.

Dipl.-Ing.-Ök. Dr. Holger Stein, StB

Zu dem Sechsunddreißig-Sekunden-Beispiel möchte ich erstmal ein Sechs-Stunden-Beispiel bringen, z. B. die Umsatzsteuervoranmeldung. Es sieht immer so einfach aus, aber es vollziehen sich natürlich in unserem Bereich viele Prozesse, die gar nicht in den Belegen allein auslesbar sind, weil sich z. B. die Ware anders bewegt als die Belege. Im Steuerrecht gibt es viele Dinge, die – gerade in der Umsatzsteuer – eben noch nicht mit dem Auslesen von Belegen automatisierbar sind, wo also gerade die Symbiose von Mensch und Technik erforderlich ist. Insofern bin ich da gar nicht bange.

Aber ich bin schon der Meinung, dass auch Teilbereiche nicht mehr Tätigkeitsgegenstand sein werden, wie z. B. eine Einkommensteuererklärung auf mittlerem Niveau. Die wird in ein paar Jahren vielleicht wirklich völlig automatisch laufen und dann wird man sich überlegen müssen, ob man so einen Rechtstatbestand einer automatisierten Steuerberatung vielleicht in irgendeiner Form kreieren muss. Ich könnte mir durchaus vorstellen, dass das notwendig sein wird. Schließlich dient das Berufsrecht auch dem Verbraucherschutz und der Qualitätssicherung. Das muss natürlich auch weiterhin gewährleistet bleiben. Ich denke, das kann man nicht in Gänze aufteilen, sondern man muss die Prozesse einzeln analysieren. Das wird unterschiedlich auseinanderlaufen. Daher würde ich jetzt sagen: „Berufsrechtlich betrachtet mein kleineres Problem ist ein Taxfix, mein größeres Problem ist ein Amazon mit Umsatzsteuer." Darum sind wir froh, dass die Gerichte und der Bundesfinanzhof im letzten Jahr noch einmal unterstrichen haben, dass die Umsatzsteuervoranmeldung nach wie vor zur Vorbehaltsaufgabe gehört. Aber das heißt nicht, dass ich in der Buchhaltung jeden Beleg vom ersten bis zum letzten selber buchen muss, möglicherweise macht das der Unternehmer völlig alleine. Je nachdem wie die Generationen wechseln und man dafür offener ist, ist das ja auch völlig legitim. Vielleicht schaut der Steuerberater sich dann monatlich die umsatzsteuerlichen Besonderheiten an und stellt sie ins System ein, um sie im Wiederholungsfall dann auf einer soliden rechtlichen Grundlage abarbeiten zu können.

Prof. Dr. Thomas Mann

Taxfix hatte Herr Hartung eben bereits erwähnt. Ich weiß nicht, ob allen klar ist, was Amazon mit dem Subunternehmen dort anbietet. Vielleicht könnten Sie das kurz erklären.

Dipl.-Ing.-Ök. Dr. Holger Stein, StB

Da muss man natürlich unterscheiden: Taxfix ist – vereinfacht gesagt – ein Einkommensteuerportal, über das ich Belege einscannen oder abfotografieren und ins System hochladen kann. Das System verarbeitet diese, bereitet mir die relevanten Informationen für eine Steuererklärung auf, erinnert mich, wann ich die Erklärung abgeben muss, und berechnet was dabei rauskommt. Das läuft alles automatisch. Wenn ich dann außergewöhnliche Belastungen angeben möchte, lade ich die entsprechenden Belege mit hoch und die Verarbeitung erfolgt automatisiert. Es erfolgt dann keine rechtliche Beurteilung eines Menschen.

Prof. Dr. Thomas Mann

Bei der Finanzverwaltung ist das dann im Grunde auch automatisch?

Dipl.-Ing.-Ök. Dr. Holger Stein, StB

Wenn wir dadurch die gleichen Chancen hätten, wie die Verwaltung, wäre das natürlich gut. Die Verwaltung nutzt uns ja auch als verlängerte Werkbank, und dann nutzt eben der Berater die verlängerte Werkbank gegenüber dem Mandanten in den Bereichen, für die der Mandant keine Dienstleistung mehr braucht.

Das Modell Amazon meint, dass ich bei Bestellungen die Buchungssätze gleich mit geliefert bekomme. Aus den Buchungssätzen wird der Vorsteuerabzug als Baustein generiert. Den kann ich dann in die Umsatzsteuervoranmeldung einbeziehen. Das macht nicht nur Amazon. Es gibt auch deutsche Handelskonzerne, die das genauso vorbereiten. Auch bei der Metro bekommt man, wenn man als Gastronom alles dort einkauft, die Buchhaltung mittelfristig mit eingespielt. Der Mandant denkt ja immer, wir haben einen Umsatzsteuer-Knopf, auf den wir drücken, damit die Umsatzsteuervoranmeldung herauskommt. So ähnlich ist das dann vorbereitet.

Prof. Dr. Thomas Mann

Was natürlich voraussetzt, dass Sie die Waren nur bei der Metro kaufen und nicht woanders.

Dipl.-Ing.-Ök. Dr. Holger Stein, StB

Das ist natürlich der Sinn der ganzen Sache. Die wollen sicherlich nicht die größten Buchhalter werden, sondern die wollen ihre Ware verkaufen. Das ist schon klar.

Dr. Moritz Alt, RA/EMBA

Ich habe eine Frage an Herrn Hartung. Oft – wie auch heute in Ihrem Vortrag – gewinnt man den Eindruck, dass das Berufsrecht als Klotz wahrgenommen wird. Ein Klotz, der Innovationen im Weg steht. Wir als Kammern stehen im besonderen Maße für das Berufsrecht und ich habe nicht den Eindruck, dass wir irgendwem im Weg stehen. Wenn wir über neue Geschäftsmodelle reden und diesbezüglich Fragen an uns als Kammer herangetragen werden, dann diskutieren wir und fragen: Ist das Modell in dieser Hinsicht zulässig?

Auch bei der Kapitalbindung – die momentan auch für Rechtsanwälte besprochen wird – hat man immer den Eindruck, dass all diese berufsrechtlichen Regelungen im Weg stehen. Auch dies empfinde ich anders und glaube nicht, dass dadurch Innovationen verhindert werden. Ich finde Ihr Vortrag hat im besonderen Maße gezeigt, dass trotz Berufsrecht oder gerade wegen des Berufsrechts Innovationen allenthalben sind. Man sieht es überall und die Welt bewegt sich trotz des Berufsrechtes. Deswegen frage ich mich, warum ist das so ein Gegensatz? Ich nehme ihn nicht als einen solchen wahr!

Markus Hartung, RA

Das ist ein interessanter Punkt. Ich habe in einem Einführungsbuch für junge Anwälte ein Kapitel geschrieben, das ist überschrieben mit: „Anwaltliches Berufsrecht – hilfreich oder hinderlich?" Ich komme zu dem Ergebnis, dass das Berufsrecht hilfreich ist, weil das Berufsrecht einen Rahmen für die beratende Profession setzt, die sie von anderen wirtschaftlichen Beratern unterscheidet, das ist der eine Punkt. Wenn es aber zu Themen kommt, wie nicht-anwaltlichen Wettbewerbern und dem Finanzbedarf, da muss ich sagen, das ist etwas schwarz-weiß. Da denkt der Anwalt gerne schlicht und zwar im Sinne von Cashflow und nicht im Sinne von Investitionen und langfristigen Marktanteilen. Das heißt, alle Themen, die damit zu tun haben, dass man für bestimmte neuere Technologien Investitionen vornehmen muss, finden Sie kaum in normalen Anwaltsbüros. Das ist bei Baker & McKenzie anders oder vielleicht auch bei Freshfields oder bei den Großen, aber die innovativen Beispiele, die ich Ihnen vorgestellt hab, sind alle von nicht-anwaltlichen Dienstleistern. Die mögen zwar zum Teil von Anwälten initiiert worden sein, aber sie sind in ihrer Natur keine Anwaltsgesellschaften. Und die Verbände, also sowohl der DAV wie auch die örtlichen Anwaltsverbände und die örtlichen Kammern, tun sich auf der Basis eines Rechtsdienstleistungsgesetzes, das viele dieser Dienstleister nicht zulässt, nicht leicht, mit der Frage, ob man solche Dienstleister zulassen sollte, und wenn ja, unter welchen Voraussetzungen, oder ob man es als eine Angelegenheit ansieht, die Anwälte tun sollten und man diesen Beratungsmarkt daher nicht aus der Hand geben möchte.

Ich würde deshalb nicht sagen, dass es per se und zwingend so ist, dass Berufsrecht und Innovationen auf Kriegsfuß stehen. Aber so wie es gelebt wird, hat man den Eindruck, dass weder die Bundesrechtsanwaltskammer noch der deutsche Anwaltsverein tatsächlich die Geschwindigkeit und die Offenheit hätten, die man bräuchte, um sich mit diesen Themen proaktiv auseinanderzusetzen.

Wenn das in Ihrer Kammer, Ihrer Steuerberaterkammer, anders ist, dann ist das ja cool! Vielleicht müsste man mal ganz viele Anwälte bei Ihnen vorbei schicken, um zu lernen. Aber es ist, glaube ich, nicht die Situationsbeschreibung einer typischen, örtlichen Rechtsanwaltskammer. Die überlegt sich eher, wie sie gegen einen nicht-anwaltlichen Anbieter vorgeht und ob sie dem als Wettbewerber Schwierigkeit macht. So wie es in Berlin gerade passiert, wo dieses Portal „Wenigermiete.de" von der Rechtsanwaltskammer Berlin wettbewerbsrechtlich verfolgt wird. Das ist eher die Regel.

Dr. Hariolf Wenzler

Vielleicht eine Ergänzung hinsichtlich der Frage. „Was regelt das Berufsrecht im Falle der Anwälte?" Regelt das Berufsrecht noch das Leistungsbild eines Anwaltes, das vielleicht vor zehn Jahren Gültigkeit hatte?

Wenn man sich als Anwalt überlegt, was wir vor zehn Jahren eigentlich verkauft haben, dann waren es im Wesentlichen drei Dinge: Ressourcen, Know-how und Judiz.

Ressourcen waren typischerweise die Juristen – also der Anwalt oder die Anwältin. Know-how war das damit erworbene Wissen und vor allem die Kenntnis vorheriger Fälle, auf die man zurückgreifen konnte, nach dem Motto: „Solch eine GmbH-Anmeldung habe ich schon einmal gemacht, die Vorgehensweise kenne ich." Und das Dritte ist das Judiz. Das war im Wesentlichen die individuelle Entscheidungsfähigkeit des Anwalts bzw. der Anwältin. Um diese Faktoren ist das Berufsrecht organisiert und gruppiert worden.

Schauen wir uns an, was wir heute vorfinden. Im Bereich Ressourcen haben wir neben den Juristen auch Ökonomen, „Data-Visualizer", „Data-Analysts" sowie eine Bandbreite an Kompetenzen, die mit den Anwälten gemeinsam arbeiten. Also Kompetenzen, die weit über die der Juristen hinausgehen.

Auf welches Know-how greifen diese zurück? Das ist viel mehr als nur der Ordnerbestand vorheriger Geschäftsvorfälle, sondern das sind eine ganze Reihe von Datenbanken bis hin zum Einsatz von Tools mit künstlicher Intelligenz.

Und Judiz ist schon lange nicht mehr das Bauchgefühl eines einzelnen Anwalts oder einer Anwältin aufgrund individueller Erfahrungen. Judiz ist ein organisations- und datengestütztes Entscheidungsmodell, welches Mandanten dabei hilft, strategische Entscheidungen zu treffen. Das wiederum liegt hart an der Grenze dessen, was das Berufsrecht eigentlich greift und fasst.

Prof. Dr. Thomas Mann

Juris und Beck online haben unser Judiz dann letztendlich ersetzt.

Dr. Hariolf Wenzler

Nein! Juris und Beck-Online sind für mich in einem mittleren Bereich des Know-hows anzusiedeln. Judiz zu treffen, erfordert eine enorm arbeitsteilige und auf viel mehr Technologie und Wissen beruhende Welt, als das vielleicht früher noch der Fall war.

Thomas Hund, RA

Was mir ein bisschen zu kurz kommt, ist die Unterscheidung zwischen zwei Bereichen. Wir müssen hier zum einen unterscheiden, wie der Berufsstand / der einzelne Berufsangehörige mit den neuen Möglichkeiten in seiner Kanzlei umgeht – hierbei ist die DATEV ein ganz wichtiger Partner. Zum anderen müssen wir – wie auch bereits von Herrn Hartung angesprochen – unterscheiden, inwiefern externe Dienstleister eine Bedrohung für den Berufsstand der Steuerberater, Rechtsanwälte, Wirtschaftsprüfer darstellen.

Beim zweiten Bereich muss angemerkt werden, dass von Seiten des Berufsstandes aus relativ wenig getan werden kann. Wie bereits von Herrn Dr. Stein ausgeführt, haben wir uns schon mit der Grenzziehung zwischen erlaubter und technisch unerlaubter Steuerberatung schwergetan. Da folge ich der Ansicht vom Kollegen

Dr. Alt und muss ganz ehrlich sagen, da können wir eigentlich nur unsere Hände buchstäblich in den Schoß legen und sagen, da sind Rechtsprechung und da ist vor allem der Gesetzgeber gefordert..., nur da kommt nichts!

Beim letzten Symposium zum Thema Rechtsdienstleistung stand am Ende die Empfehlung: „Steuerberater, definiert die Rechtsberatung in eurem Sinne und versucht eine Lösung zu finden im Steuerberatungsgesetz."

Ich würde mir wünschen, dass hier am Ende auch eine Empfehlung stände, wie wir an den Gesetzgeber herantreten könnten, um eine klare Abgrenzung zwischen „technisch erlaubt" und „technisch unerlaubt" zu finden.

Karl-Heinz Bonjean, StB

Mir ist eines in dieser Diskussion sehr wichtig. Man kann den Beruf des Rechtsanwalts nicht eins zu eins mit dem des Steuerberaters vergleichen, da gibt es doch ein paar feine Nuancen.

Eine ganz wichtige davon ist, dass wir Dauermandate und dadurch ein sehr starkes Vertrauen unserer Mandanten in Bezug auf unsere Tätigkeit haben. Meines Erachtens besteht hier ein Unterschied, der enorm wichtig bei der Beurteilung der Folgen von künstlicher Intelligenz und der technischen Entwicklungen ist, die unseren Beruf massiv verändern werden. Das ist aber für den steuerberatenden Beruf – und da muss man manchmal auch den Blick zurückwerfen – eigentlich nichts Neues. Es gab immer Veränderungen!

Ende der Sechzigerjahre kam die EDV. Als der erste Computer Einzug in eine Kanzlei hielt, führten wir ähnliche Diskussionen wie heute. Dass sich das Berufsrecht dem anpassen bzw. verändern muss, ist für mich eine Selbstverständlichkeit. Das brauchen wir und das ist der Rahmen, in dem wir uns bewegen müssen, auch in Zukunft!

Wie eben sehr gut von Herrn Dr. Meyer-Pries aufgezeigt, sollten wir diese Veränderungen vor allem auf Grund des besonderen Bezuges zu unseren Mandanten als ganz große Chance sehen. Da Massenarbeiten, wie zum Beispiel die Buchhaltung, in Zukunft weitestgehend automatisiert sein werden, können andere Bereiche in den Vordergrund rücken. Wir haben die Wahnsinnschance in den bis heute eher wenig ausgeprägten Bereichen der Beratung, Analyse und der strategischen sowie betriebswirtschaftlichen Beratung viel mehr tätig zu werden, als wir das heute überhaupt können.

Auch die heute zweitgrößte Herausforderung der Mitarbeiterrekrutierung, kann von dieser Chance profitieren. Wir haben überall Fachkräftemangel. Es gibt kaum eine Kanzlei, die sagt: „Ich habe ausreichend Mitarbeiter." Wenn es uns gelingt die Routinearbeiten ein Stück weit zu standardisieren, zu automatisieren, haben wir die ganz große Chance den Schwerpunkt noch mehr als bisher in die Beratung zu legen.

Ich habe keinen Zweifel, das Berufsrecht anpassen zulassen und glaube, wir sind auf dem richtigen Weg. Daher ist mir vor der Zukunft eigentlich nicht bange.

Prof. Dr. Thomas Mann

Danke, Herr Bonjean, für das Plädoyer, das zeigt, dass bei fortschreitender Digitalisierung die Chancen für eine Allokation der eigenen Zeit in der Beratungsleistung vielleicht auch besser werden.

Markus Hartung, RA

Ich finde, das ist ein tolles Plädoyer. Das tun Anwälte auch. Anwälte sagen, Technik hilft uns, uns von repetitiven, langweiligen Arbeiten zu

befreien und uns darauf zu konzentrieren, unsere Mandanten in strategischen Themen und den wichtigen Sachen wirklich zu beraten. Wir
sollten uns nur nicht der Illusion anheimgeben, dass es für diese strategische Beratung genauso viel Bedarf geben wird, wie für die repetitiven Tätigkeiten. Vielleicht muss man auch sagen, dass der Anteil an
wirklich hochkomplexen, komplizierten Geschäftsbereichen, bei den
Anwälten nennt sich das „premium work", sinkt. Insgesamt sehen wir
jedenfalls bei den Juristen, dass der Bedarf an Menschen, die mit
Recht umgehen, steigt und der Bedarf an Rechtsanwälten sinkt. Aber
da kommen dann die Wirtschaftsjuristen, Diplomjuristen, Paralegals,
Leute, die für bestimmte Themen angelernt sind, ins Spiel. Das muss
man ganz schlicht wirtschaftlich sehen. Die verdienen deutlich weniger
als ein Rechtsanwalt. Die werden auch weniger gut ausgebildet, weil
das nicht mehr so wichtig ist, wie bei den Anwälten, die für den Vollju-
risten und die Befähigung zum Richteramt ausgebildet werden. Also
folgt daraus die Veränderung der Profession. Dass uns die Arbeit nicht
ausgeht, da bin ich völlig zuversichtlich. Die Welt wird nicht einfacher,
sondern komplexer. Sie wird regulierter und immer komplizierter. Aber
das bedeutet nicht, dass der Bedarf an Leuten wie uns, die wir das
klassische Jurastudium durchlaufen haben, wächst. Infolge der Kombi-
nation von Technik und menschlicher Anwendung wird der Bedarf an
den Stellen steigen, an denen Technik nicht funktioniert. Da wird es
sich hin entwickeln und zwar in der Breite. Ich rede nicht von den weni-
gen Beratern, die übrig bleiben werden für komplexe Dinge. Das ist wie
mit der industriellen Schuhherstellung und den Maßschuhen. Früher
wurden Schuhe immer in Maßarbeit hergestellt. Heute werden sie industriell hergestellt. So verschieben sich die Verhältnisse.

Wir müssen uns darauf einstellen, dass sich das Einkommensniveau in
diesen Berufen verändern wird. In Bezug auf den Schutz vor dem Ein-
bruch des Gehalts, den wir heute durch Regulierung, durch eine gewisse Marktabschottung und durch ein Beratungsmonopol, das in einem
Europa – das das Ziel hat, den Dienstleistungsmarkt zu vergrößern –
keine Zukunft hat, gehen die Anforderungen eher runter, als dass die
Anforderungen an die Berufsqualifikation hochgehen.

Das ist meine etwas skeptische Antwort auf Ihr Plädoyer, das ich inhalt-
lich aber richtig finde. Nur so viel komplexen Beratungsbedarf gibt es
eben vielleicht doch nicht, wie es derzeit Berufsangehörige gibt.

Prof. Dr. Thomas Mann

Vielleicht könnten wir auf das Petitum von Herrn Hund eingehen und zusammen überlegen, was wir als zulässig ansehen und was nicht. Was ist „unzulässige Hilfeleistung in Steuersachen"?

Prof. Dr. Axel Pestke, RA/FA f. StR

Ich wollte kurz an das ansetzen, was Sie jetzt eben schon gesagt haben. Ich teile auch, was hier gesagt worden ist. Es ergeben sich Chancen durch Beratung. Es werden auch zukünftig Fachkräfte erforderlich sein, die an neuen technischen Entwicklungen arbeiten, beides sehe ich aber ein bisschen als „Selbstaufmunterung". Als Kern des Problems folge ich der Auffassung von Herrn Hund. Wir machen hier eine Berufsrechtstagung um rechtliche Möglichkeiten aufzuzeigen, die die Vorbehaltsaufgaben gegen die Technik bewahren sollen. Da stellt sich mir die Frage, was haben wir denn bisher als Rechtfertigungsgründe gehört?

Wir haben einmal den BFH gehört, der gesagt hat, dass eine Umsatzsteuervoranmeldung auch dann nicht jeder machen darf, wenn sie mit rein automatischen Mitteln hergestellt wird. Warum? Weil allein der Steuerberater dafür die Verantwortung übernimmt und übernehmen kann, dass die Erklärung richtig ist – praktisch als Kontrollfunktion. Ich denke, hierzu müssen wir uns aber auch für die Zukunft Gedanken machen. Denn wie realistisch ist es denn, dass in Zukunft jede automatisch bearbeitete Angelegenheit von einem Steuerberater noch einmal kontrolliert wird? Das ist nur eine Frage der Zeit.

Als zweiter Rechtfertigungsgrund wird oft eingebracht, dass ein steuerrechtlicher Rechtsroboter oder Chatbot programmiert werden muss. Das heißt hier wird schon in die Software das steuerliche Fachwissen integriert. Auch hier stellt sich mir die Frage, ist das wirklich eine zukunftsweisende Argumentation? Das WISO-Programm Einkommensteuer wurde natürlich irgendwann von irgendwem unter steuerlichen Gesichtspunkten programmiert und dennoch steckt dahinter keine steuerliche Beratung mehr. Der Mandant füllt es aus, schickt es ab und kriegt einen Steuerbescheid.

Ehrlich gesagt, habe ich auch nicht die Lösung, wie man die Grenze definieren kann, was vorbehalten bleiben muss. Ich denke, auf diese Frage sollten wir uns durchaus noch einmal konzentrieren.

Dipl.-Volksw. Wolf D. Oberhauser, StB

Heute ist mehrmals gesagt worden „Wir sollen uns in den Blickwinkel der Mandanten begeben, uns überlegen, was diese überhaupt wollen!". Wenn ich mich frage, was die Mehrheit meiner Mandanten will, dann sind das zwei Zielsetzungen: Die eine ist, so wenig Steuern wie möglich zu zahlen, und die andere ist, Ruhe beim Finanzamt zu haben.

Ruhe beim Finanzamt, so übersetzen wir heute Tax Compliance und jetzt kam vorhin die Frage: „Wie wird der Steuerberater denn noch die Umsatzsteuervoranmeldung überprüfen können?" Er wird sich Gedanken machen müssen, wie er Compliance bei diversen Vorsystemen – bei Daten, die entstehen – sicherstellt.

Wenn heute die Einstellung eines Kaffeeautomaten zu einer falschen Umsatzsteuervoranmeldung führt, weil bestimmte Daten einfach durchgegeben werden, dann handelt es sich um die Frage, wie ich ein Compliance System einrichte, aufrechterhalte und kontrolliere, um die steuerliche Compliance des Mandanten sicherzustellen. Dass das immer wichtiger wird, hat uns der erste Strafsenat des BGH auch mal wieder ins Stammbuch geschrieben. Demnach sei bei der Bemessung der Strafe zu berücksichtigen, inwieweit ein Compliance System eingerichtet ist. Diese Anforderung wird eine größere Rolle spielen, je mehr die Digitalisierung voranschreitet und je mehr das bisher zweibeinige Compliance System selbstständig wird – sprich die Mitarbeiter in den Prozess nicht mehr eingreifen oder diesen kontrollieren. Zur Sicherung der Compliance werden Regelfragen oder ähnliches notwendig werden.

Wenn wir dahin kommen, sehe ich die Chance dann auch berufsrechtlich zu sagen, dass an dieser Stelle der freiberufliche Steuerberater wieder gebraucht wird. Denn wir haben den Steuerberater nie gebraucht, um irgendwelche Daten in irgendwelchen Systemen zu erfassen. Wir haben ihn dazu gebraucht die Daten steuerlich zu würdigen und zu kontrollieren – auch wenn er das dann mithilfe von Datenverarbeitungssystemen macht!

Dipl.-Ing.-Ök. Dr. Holger Stein, StB

Dem kann ich mich anschließen. Das sehe ich auch so. Ich hatte vorhin ja versucht, das für den Bereich der Umsatzsteuer zu zeigen. Es gibt Prozesse dahinter, die werden wir immer machen müssen. Da müssen wir uns eben auf andere Art und Weise integrieren. Auf der anderen

Seite sind wir in gewissem Maße aber auch Nutznießer. Unser Interesse ist, dass der Mandant seine Prozesse ordentlich organisiert. Wenn er nun bestimmte Teilbereiche eben nicht mehr beim Steuerberater hat, dann stärkt das auch wieder den Kunden, von dem wir leben und mit dem wir als Netzwerkcoach – als jemand, der die Probleme aufsammelt, konfiguriert und wieder weiterreicht – zusammen arbeiten. Das wäre für mich die Definition: Wo in Entscheidungsprozesse eingegriffen wird, wo etwas bewertet wird, wo etwas entschieden werden muss, da bin ich in der Steuerberatung. Wo was mechanisch verarbeitet wird, auch automatisiert, da wäre ich – auch um nicht protektionistisch zu sein und um unsere Mandanten da genauso zu stärken – eher für eine Öffnung. Da wäre meine Grenze.

Prof. Dr. Thomas Mann

Greifen wir die Gedanken von Herrn Prof. Pestke und Herrn Hund noch einmal auf und versuchen zu systematisieren, was es alles für Modelle im Internet gibt. Berufsrechtlich stellt eine Plattform zur Vermittlung von Steuerberatern sicher kein Problem dar. Da ergeben sich keine Berührungspunkte, das können wir als abgehakt kennzeichnen. Dann gibt es die Variante, die im Grunde nichts anderes macht als das Elsterformular. Sei es textlich oder sei es durch einen Sprachcomputer, der mich zum Beispiel nach meinem Wohnort fragt. Dabei handelt es sich nicht um Steuerberatung. Diese setzt im Grunde nur dann ein, wenn ich eine Entscheidung treffen muss oder das Programm eine Entscheidung trifft, weil es lernfähig ist und schon ähnliche Fälle bearbeitet hat.

Wenn wir hier die Markierungsgrenze für die Diskussion ziehen und das als Hilfeleistung in Steuersachen erfassen, was verlangen wir dann? Muss bei der Programmierung dann ein Steuerberater im Hintergrund stehen, der mit seinem Namen dafür einsteht, verantwortlich im Sinne des Berufsrechts, wie in anderen Feldern „im Sinne des Presserechts"? Damit wir jemanden haben, den wir als Kammer dafür heranziehen können, wenn etwas schiefgeht? Oder ist alles nur eine Scheindebatte, weil es im Grunde nur um Haftung geht und nicht um Berufsrecht? Wie ist dazu Ihre Sichtweise? Was kann man dem Gesetzgeber empfehlen, um darauf zu reagieren?

Oder wie ist das mit den selbstlernenden Systemen, einem Bot? Sofern es diesen im Steuerrecht überhaupt gibt. Muss dieser – wie von der Kommission bereits angedacht – im Rechtsverkehr als eigene, als „elektronische Person", angesehen werden?

Dr. Lars Meyer-Pries

Ich denke das ist er bisher nicht. Die Frage würde ich mit nein beantworten. Aber ich glaube der Versuch, das in Worte zu fassen – sprich
die Grenze zu beschreiben – wird immer dazu führen, dass man ein
bewegliches Ziel beschreibt.

Letztendlich ist das, was Würdigen, Analysieren, Bewerten beinhaltet,
etwas, was mit zunehmender Technologisierung und mit weiteren Methoden sich immer mehr in eine Richtung bewegt, die man trotzdem im
Auge haben muss. Man sollte nicht die Einschätzung haben, dass man
das in irgendeiner Weise bremsen, glattstellen oder auf einen Punkt
bringen kann, der nicht beweglich ist. Es wird sich immer weiter ändern,
weil die Technologien sich weiter ändern werden. Was heute noch als
stark würdigender und kognitiver Vorgang gilt, mag vielleicht in 5, 10,
15 Jahren selbstverständlich von einer Maschine übernommen werden.

Deshalb glaube ich ist es hilfreich und wichtig, solche Überlegungen
anzustellen. Allerdings möchte ich davor warnen zu glauben, dass man
dadurch in irgendeiner Weise etwas schaffen kann, was einen klaren
Grenzpunkt hat. Denn das ist ein bewegliches Ziel. Was ich auch nicht
glaube ist – wenn man über die Grenzen Deutschlands hinausschaut –
dass man sich sozusagen auf einer Insel Grenzen setzen kann. Natürlich hat das deutsche Steuerrecht Besonderheiten extremer Art und
Weise – überhaupt keine Frage. Aber was passiert denn um uns her-
um, wenn wir woanders sehen, dass das automatisiert ist bzw. wird?
Wenn es hier in irgendeiner Weise „künstlich" reglementiert wird? Meines Erachtens muss man sich die Frage zumindest stellen, um die richtigen Stoßrichtungen zu finden.

Prof. Dr. Thomas Mann

Dann sind wir wieder bei der grundlegenden Diskussion, die im Grunde
das Bild der freien Berufe prägt: Wir haben unser mitteleuropäisches
Modell der vorsorgenden Rechtspflege. Dem gegenüber steht das ang-
loamerikanische Modell, das Vorbeugen als unnötig ansieht. Ganz
nach dem Motto: Entweder es geht gut oder es liegt bei Problemen ein
Haftungsfall vor. Eine solche Sicht würde bedeuten, dass ich alles of-
fenlasse und sämtliche neuen Entwicklungen im Internet zulasse.

Markus Hartung, RA

Vielleicht gibt es tatsächlich einen Unterschied und zwar in Bezug auf die gesellschaftliche Aufgabe. Die von Anwälten ist völlig anders als die gesellschaftliche Aufgabe von Steuerberatern. Deswegen ist es interessant, das zu vergleichen.

Die gesellschaftliche Aufgabe des Anwalts ist es, dem Bürger beim Zugang zum Recht zu helfen und dadurch an der Verwirklichung des Rechtsstaats mitzuwirken. Das ist auch mein Berufsverständnis, wenn man am Ende seines Lebens sagen kann: „Ich habe es geschafft. Ich habe mitgeholfen, den Rechtsstaat zu verwirklichen und Menschen beim Zugang zum Recht geholfen." dann hat man seiner Berufspflicht entsprochen.

Und jetzt frage ich: „Muss das ein Rechtsanwalt machen?" Und wenn ja, warum oder wo hindert der Rechtsanwalt sogar beim Zugang zum Recht? Das hat ganz viele Facetten. Das kann mit dem Gebührensystem zu tun haben, weil das Recht zum Beispiel zu teuer für bestimmte Menschen ist. Es kann damit zu tun haben, dass die Systeme, in denen Recht wahrgenommen wird, zu komplex sind, um – etwa im E-Commerce Bereich – zu seinem Recht zu kommen. Da entwickelt sich dann eine Art private „Paralleljustiz". Und ich muss mir überlegen, ob ich das zulasse, dass die Leute bei eBay und Amazon ihre Konflikte lösen. Oder muss ich auch die traditionellen Konfliktlösungssysteme, also die Gerichte, an die neue Zeit anpassen?

Das wären für mich immer die Kriterien, um zu fragen: „Wo brauche ich einen Anwalt mit bestimmten Pflichten?" Dann kostet der halt das, was er kostet, ob einem das gefällt oder nicht. Das ist wie bei einem Arzt, wie bei einem guten Krankenhaus. Und ich muss mich fragen: „Wo ist es so, dass für bestimmte Rechtsdienstleistungen jemand unterhalb des Anwaltslevels die gleiche Art von Arbeit erledigen kann?"

Wir leisten uns bei den Rechtsanwälten lauter Inkonsistenzen und Mängel an Kohärenz. Wir lassen als Rechtsdienstleister Inkassodienstleister zu, die Forderungsbeitreibungen geltend machen, dass einem manchmal die Haare zu Berge stehen. Und dann sagt der Gesetzgeber: „Diese Dienstleister und Anwälte sind im Grunde genommen ein und dasselbe." Da fragt man sich: „Wofür braucht man dann eigentlich noch Anwälte?" Daher wäre mir daran gelegen, uns zu fragen, was die Aufgabe des Steuerberaters ist. Definiert die sich eigentlich vom Steuerpflichtigen her oder nicht vielleicht eher vom Staat her, der daran interessiert ist, dass die Leute Steuern zahlen? So kommt man vielleicht der Frage näher, wie man Kriterien für das setzen muss, was nur ein Steuerberater mit einem bestimmten regulatorischen Berufsumfeld machen darf, damit man sich darauf verlassen kann, dass das, was der unterzeichnet, auch stimmt. Und wo ist ein Dienstleister eher geeignet, dafür Sorge zu tragen, dass Leute ihren Pflichten nachkommen und ihre Rechte wahrnehmen können, so wie es das Gesetz vorsieht.

Das ist jetzt alles auf einem sehr hohen Level. Das muss man dann runterbrechen. Aber ich glaube, nur so kommt man, ausgehend von der Berufsfreiheit und von der Freiheit der Person, dahin, herauszufiltern, was an dem Beruf reguliert werden muss und was eigentlich freigegeben werden sollte, damit das Ziel „Menschen haben Zugang zum Recht" oder „Menschen sind in der Lage, eine richtige Steuererklärung abzugeben und das dem Staat zu geben, was des Staates ist" erreicht wird.

Prof. Dr. Thomas Mann

Der Anwalt als unabhängiges Organ der Rechtspflege dient auch dem Funktionieren des Staates. Die Steuerberater gelten entsprechend als Organ der Steuerrechtspflege. Und so verstehen diese sich auch.

Dipl.-Ing.-Ök. Dr. Holger Stein, StB

Ich finde diesen Ansatz durchaus beachtenswert. Man kann natürlich sagen, als Organ der Steuerrechtspflege haben wir einen ähnlichen Auftrag wie Sie. Wir sind auf der anderen Seite aber natürlich noch Teil eines funktionierenden Abgabesystems, worüber sich der Staat jeden Tag freuen kann, weil immer genug Geld in die Kassen kommt. Wenn man jetzt sagen würde, der Fokus verschiebt sich durch Automatisierung etwas raus aus dem Bereich der „Kassenfüller", dann würde man vielleicht sogar in der Rechtssystematik auch noch die Bedeutung des Steuerberaters im gesellschaftlichen System unterstreichen. Unter diesem Gesichtspunkt finde ich diesen Gedankenansatz durchaus interessant.

Dipl.-Kfm. Thomas Bartling, StB/WP/FB f. IntStR/Rb

Ich muss eine Lanze für den Steuerberater brechen und anmerken, dass wir unter zwei Druckverhältnissen stehen. Einmal von oben – von den Steuergesetzen, die werden uns vorgegeben – und dann werden wir natürlich von dem Mandanten getrieben. Deswegen glaube ich, der Steuerberater wird nicht aussterben, es sei denn, Herr Merz kommt dran und es kommt wieder der Bierdeckel!

Aber wenn ich noch mal auf das heutige Thema zurückkomme: „Digitalisierung – Eine berufsrechtliche Herausforderung!". Das ist mit Ausrufezeichen und nicht mit Fragezeichen geschrieben.

Zunächst ist die Frage, für wen ist das eigentlich eine berufsrechtliche Herausforderung? Für den Steuerberater? Wie schon mehrfach angesprochen, sehe ich die Digitalisierung für den Steuerberater eher als eine berufliche Chance. Eigentlich hinkt das Berufsrechtliche hinterher.

Wenn wir das Thema mit einem Fragezeichen versehen, dann kristallisiert sich heraus, dass eigentlich die Steuerberater mehr Angst davor haben, dass von außen andere in den Bereich der Steuerberatung eindringen könnten – so hat es sich zumindest aus der Diskussion ergeben. Das sehe ich bei dem Steuerberater nicht, sondern das sehe ich eher in den untergeordneten Arbeiten, die Sie repetierbar nennen. Und das ist für den Steuerberater eher eine Chance.

Wie Herr Bonjean gesagt hat: „Wir sollen eigentlich froh sein, dass diese Leute in den Markt eindringen können oder eindringen sollten." Das verlangt auch die Kommission, aber den Steuerberater selbst können Sie nie ersetzen. Jedenfalls nicht in der gegenwärtigen Zeit. Danke!

Prof. Dr. Thomas Mann

Das ist schon einmal ein positives Signal. Als Grundton höre ich hier heraus, dass Sie das als Chance begreifen und sagen: „Ich kann bestimmte lästige Dinge bei fortschreitender Digitalisierung vielleicht einfacher erledigen und mich den wirklich komplizierten Sachen stellen." Hintergrund der Veranstaltung war aber, dass wir gern eine Rückkopplung hätten, wie Sie bzw. wie die Kammern mit den neuen Anbietern umgehen wollen. Wir vermischen immer zwei Sachen miteinander. Zum einen: Welche Herausforderung ist die Digitalisierung für meine Kanzlei? Wie organisiere ich mich – hat das Vor- oder Nachteile? Zum anderen: Wollen wir die neuen Anbieter im Internet, hinter denen teilweise auch Steuerberater stecken, grenzenlos zulassen?

Das bedeutet aber auch das Eingeständnis, dass wir keinen Zugriff auf die neuen Anbieter haben. Das System der Kammern sorgt für eine Qualitätskontrolle, sodass Personen berufsrechtlich herangezogen werden können, wenn diese über die Grenzen hinausschießen. Hier hatten wir uns erhofft, dass wir von Ihnen eine Anregung erhalten, wie diese Grenzen berufspolitisch auch auf Bundesebene aufgezeigt werden können.

Prof. Dr. Axel Pestke, RA/FA f. StR

Ich glaube, dass man auf alle Fälle mit den IT-lern reden muss. Schon deshalb, um zu erkennen, wo die Reise hingeht. Ich glaube aber auch, dass wir noch nicht aufgeben dürfen die besondere Rolle des Steuerberaters weiterhin zu verteidigen.

Und ich möchte nach anmerken, dass wir vielleicht gar nicht so pessimistisch sein müssen. Denn schon heute bietet das Gesetz Formulierungen, die bei den Anwälten eine gewisse Vorsorge treffen. Dort ist zum Beispiel nur die „standardisierte Anwendung des Rechts" erlaubt. Hier müssen wir an einer genauen Definition arbeiten. Bei uns steht was von „mechanischen Arbeitsgängen", die nicht unter die Vorbehaltsaufgaben fallen. Hier müsste man meines Erachtens in die Tiefe bohren und gucken, was ist denn wirklich standardisiert. Läuft standardisiert ohne Nachfragen und ohne Kontrollbedarf ab? Hier schließe ich mich Herrn Hartung an. Wir müssen fragen, was im Interesse des Mandanten und meinetwegen auch des Steueraufkommens reguliert werden muss. Ich glaube, wenn wir diese Frage „en Detail" durcharbeiten, kommen wir auch auf die Formulierungen, die wir eines Tages brauchen.

Dipl.-Wi.Jur. (FH) Peter Nöscher, StB/Landw. Buchst.

Wir diskutieren gerade über neue Techniken, neue und berufsfremde Anbieter. Vielleicht könnte man das alles aber auch einmal ganz anders betrachten und sagen: Gut, es gibt das Steuerberatungsgesetz, den Verbraucherschutz. Aber warum nehmen wir die Steuer-Softwareanbieter und die Programmierer von künstlichen Intelligenzen nicht einfach in das Steuerberatungsgesetz mit auf? Gern auch unter Aufsicht der Steuerberaterkammern. Warum sollen wir immer nur schwarz-weiß denken? Denken wir doch einfach mal in die Moderne rein und überlegen, wie wir diesen Zug, den wir nicht mehr aufhalten können, positiv begleiten können. Auch im Hinblick darauf, dass der Steuerberater nicht unter die Räder kommt und auch er sein Tätigkeitsfeld vielleicht erweitern kann – Stichwort gewerbliche Tätigkeit. Sagen wir doch einfach Steuerberatung und Steuerdienstleistung dienen dem Staatswohl und erweitern das ganze Feld.

Prof. Dr. Thomas Mann

Ein interessanter Gedanke, der übrigens bei den Ingenieuren umgesetzt wurde. Neben Ingenieuren und Architekten gibt es nach der Bauordnung noch die Entwurfsverfasser. Diese haben eine bestimmte fachliche Qualifikation – wie zum Beispiel ein Mitarbeiter des Bauamtes – und dürfen auch Planungsleistungen erbringen, z. B. Umbauten planen. Das stellte natürlich auch eine Konkurrenz dar, da diese nicht der Kammeraufsicht unterlagen. Hier wurde der Versuch gewagt und ergänzend auch die Entwurfsverfasser mit in die Kammerüberwachung aufgenommen, meines Wissens mit Erfolg.

Dipl.-Ök. Dr. Peter Stieve, StB/WP

Ich glaube, wir drehen uns ein bisschen im Kreis. Es geht doch eigentlich darum, wie viel am Ende noch von der Steuerberatung übrigbleibt, wenn wir Technik einsetzen.

Dazu würde ich gern eine Frage an Herrn Dr. Meyer-Pries stellen: Sie hatten vorhin diese Statistik mit den Fehlerquoten vorgestellt. Meines Erachtens war diese quantitativ, aber wir haben auch qualitative Ansprüche. Jede Buchung ist nicht gleich jede Buchung und bei manchen Dingen muss man eben genauer drauf schauen. Mich würde interessieren, ob diese qualitativen Ansprüche bereits in Ihrer Statistik enthalten sind? Und wie viel bleibt dann am Ende wirklich über? Ich glaube sonst wird das eine Diskussion nach dem Motto: „Nein, wir haben Chancen."

Ich glaube auch Herrn Bonjean nicht so ganz, wenn er sagt, dass jeder Steuerberater Beratung machen kann. Wenn ich ein Hotel, ein Handwerksunternehmen und eine Softwarebude mit Schwierigkeiten habe, dann glaube ich persönlich niemals, dass ich die alle betriebswirtschaftlich gleich gut beraten kann. Abgesehen davon können die Programme die einfachen Dinge wie Beratung, Liquiditätsplanung, Kennzahlen und all diese Sachen am Ende sowieso auch noch.

Prof. Dr. Thomas Mann

Ich möchte die beiden Wortmeldungen zum Anlass nehmen, die Schlussrunde zu starten, da wir uns dem Ende der Veranstaltung nähern.

Dr. Lars Meyer-Pries

Ich fühle mich in gewisser Weise angesprochen durch die Frage. Ich hatte bewusst vorhin dieses – zugegeben sehr einfache – Beispiel der Automatisierung von Buchungen gewählt, um schon dort zu zeigen, dass selbst an dieser Stelle Qualität in gewisser Weise von der Einschätzung und von der Konfiguration abhängig ist.

Wenn das schon bei diesem Beispiel der Fall ist, dann will ich das aufgreifen, was wir glücklicherweise jetzt mehrere Male gehört haben: Wenn es nur um das Ersetzen von Routinetätigkeiten geht, geht die Qualität und die Expertise von Beratungsleistungen weit darüber hinaus und fängt schon auf einem Level an, wo wir im Moment die Technik überhören. Allerdings müssen wir aufpassen, was die Geschwindigkeit betrifft. Hier bin ich jetzt bei dem beweglichen Ziel und auch hier wiederhole ich mich. Richtigerweise sagen wir aus der heutigen Sicht, dass man sich in eine bestimmte Richtung möglichst zügig entwickeln muss, das Berufsbild sich ändern muss und die Beratungsleistungen andere werden müssen. Dabei spielen die Qualität der Beratungsleistungen und die Datenbasis allerdings eine große Rolle. Aber was müssen wir heute dann dafür tun, um das in der Zukunft zu erreichen?

Ich glaube, das ist eine brennendere Frage, weil noch Zeit dafür ist. Noch ist es nicht so, dass von heute auf morgen ein Schalter umgelegt wird. Wie gesagt, das ist auch bei einfachen Dingen noch nicht der Fall. Aber jetzt ist meines Erachtens schon der Moment gekommen, wo wir uns überlegen müssen, wie können wir das, was wir heute aufgezeigt haben, umsetzen. Hinsichtlich der Beratung hatte ich das Thema Compliance angesprochen. In diese Richtung sollten wir mit Hilfe von IT-Einsatz zügig genug gemeinsam denken, um herauszustellen, was genau das Alleinstellungsmerkmal des Beraters auch in der Zukunft sein soll.

Ich denke, so verbinden sich diese Themen ganz automatisch. Ich muss zugeben, da bin ich jetzt nicht der Jurist, der versucht, das in irgendeiner Weise abzuschotten. Sondern ich bin derjenige, der nach vorne schaut und guckt, wie können wir die Zeit, die wir haben, nutzen, um passend und richtig darauf gemeinsam zu reagieren.

Prof. Dr. Thomas Mann

Herr Wenzler, war das eine zu engstirnige Diskussion?

Dr. Hariolf Wenzler

Nein, aber eine wichtige Diskussion. Als Anregung sollten zur nächsten Diskussionsrunde vielleicht Leute von Taxfix mit eingeladen werden.

Vorhin wurde angemerkt, dass von Plattformen keine Gefahr ausgehen würde – dass es sich nur um eine Vermittlung handelt. Google ist aber eben nicht nur eine Suchmaschine, Amazon nicht nur ein Buchhändler und booking.com eben nicht nur eine Hotelbuchungsseite. In Plattformen liegt viel mehr.

Irgendjemand sagte vorhin, man müsse mit den ITlern reden. Grundsätzlich eine gute Idee. Aber darüber hinaus sollte man vielleicht auch mit den Leuten reden, die solche Geschäftsmodelle entwickeln und herausfinden, welche Intention und Ratio dahintersteckt.

Abschließend noch eine letzte Bemerkung. Ich habe Sie so verstanden, dass Herr Hartung und ich heute eingeladen wurden, weil es eben Unterschiede zwischen Steuerberatern und Anwälten gibt, wir aber aus der Befassung mit dem Ähnlichen, das aber anders ist, lernen können. Ich möchte Sie mit dem Gedanken entlassen, sich einmal anzugucken, was „Google Suite" kann. Sie wissen, dass „Google Docs" das Textverarbeitungssystem von Google ist. Solange man dieses in der Cloud nutzt und Dokumente speichert, kann man es kostenlos nutzen. In Amerika erstellen sehr viele – auch Anwälte – ihre Texte damit und nutzen nicht Microsoft Word. „Google Docs" hat nunmehr „Google Suite for Law" veröffentlicht, das auf die in der Cloud liegenden Dokumente zugreift. Wenn Sie zukünftig also Verträge erstellen, können Sie diese Zusatzfunktion freischalten und sich Formulierungsvorschläge von Google anzeigen lassen. Wer bisher Sätze angefangen hat, die so angefangen haben, der hat typischerweise so oder so oder so weitergemacht. Ist das eine der Klauseln, die Sie gerade schreiben wollen? Das ist Google, also vermeintlich nur ein Plattform-Anbieter!

Dipl.-Ing.-Ök. Dr. Holger Stein, StB

Ich habe vor Jahren einen Vortrag gehalten über das Thema: „Berufs-recht als Mittel der Berufspolitik". Ich glaube, das Thema ist nach wie vor aktuell. Aus meiner Sicht muss das Berufsrecht die Rahmenbedin-gungen schaffen, damit man als Steuerberater auf einer soliden Basis agieren kann. Berufspolitisch muss man überlegen, ob man alles, was man machen könnte, auch macht. Da spielen natürlich auch berufspoli-tische Entscheidungen eine Komponente. Über die haben wir heute weniger diskutiert. Ich habe ein paar Anregungen gewonnen – insbe-sondere auch von der Anwaltsprofession -, wie man das Thema weiter und anders aufbauen kann. Ich glaube, man muss differenzieren: Was ist der Kern unserer Tätigkeit, der dauerhafte Kern, den wir tatsächlich schützen müssen, aber nicht schützen um des Schützen willens, son-dern um die Gegenelemente Verbraucherschutz, Verschwiegenheits-pflicht, Qualitätssicherung usw. einzuhalten. Vielleicht muss man sich von manchen Bereichen dann auch trennen, wohlwissend, dass die Kollegen deutschlandweit ihren Beruf in unterschiedlicher Art und Wei-se ausüben und dass es den einen oder anderen vielleicht auch tief treffen wird. Denn der Berufsstand der Steuerberater ist sehr differen-ziert, auch in der täglichen Berufsausübung. Mein letzter Gedanke ist: „Zertifizierung" haben wir auch mal diskutiert. Ich glaube, dass die Be-rufskammern damit überfordert wären, Anbieter von irgendwelchen Modellen oder irgendwelche Plattformen zu zertifizieren. Ich glaube, das muss man dann eher in den Bereich der Autorenhaftung ansiedeln. Daher sollten wir uns das nicht zur Aufgabe machen.

Markus Hartung, RA

Es ist so schwer zu sagen, was man heute sicher weiß und was in den Bereich der Spekulation fällt.

Was man heute sicher weiß ist, dass wir die Fähigkeiten von Software grotesk überschätzen und dass wir die Auswirkungen grotesk unter-schätzen. Wir können uns das, was auf uns zukommt, noch gar nicht vorstellen. Also Stichwort „Plattform, Wirtschaft und Google Suite", die sagt, versuch die Klausel mal so, das haben 100.000 andere Anwälte so gemacht, vielleicht solltest du es auch so machen.

Was wir aber wissen ist, Technologie ermöglicht einen neuen Zugang zum Klienten und einen neuen Zugang zum Berater mit ganz vielen Auswirkungen.

Technologie ermöglicht eine Veränderung der Tätigkeit und so wie man das jetzt sehen kann, wird mehr und mehr von der Tätigkeit, über die jedenfalls wir Anwälte uns heute definieren, nämlich die Subsumtion eines Sachverhaltes unter Rechtsvorschriften, so stark technisch unterstützt werden, dass man sich fragt, was bleibt eigentlich übrig von der originären Beratungstätigkeit von jemandem, der sich im Recht auskennt.

Wo das hinläuft, kann ich nicht sagen. Ich kann Ihnen nur vier Thesen sagen, mit denen wir bei Bucerius arbeiten und versuchen, diese Entwicklung zu verstehen. Diese vier Thesen sind ganz kurz:

1. **Was durch Software und Technologie erledigt werden kann, wird auch durch Software und Technologie erledigt werden, auch wenn das Ergebnis erstmal schlechter ist.**

These eins!

Also glauben Sie nicht, Sie wären durch Ihren Manufaktur-Ansatz überlegen. Das sind die Anwälte nicht!

2. **Legal Tech ersetzt nur, wofür man sowieso keinen Anwalt braucht.**

Und ich würde sagen, Technologie ersetzt auch nur das, wofür man sowieso keinen Steuerberater braucht. Das schluckt man nicht so einfach, aber lassen Sie uns mal darüber nachdenken.

3. **Der schlimmste Wettbewerber eines Steuerberaters oder eines Rechtsanwaltes ist kein Technologieunternehmen, sondern es ist der bessere Rechtsanwalt und der bessere Steuerberater,** der nämlich den Ressourcenmix aus Technik und persönlicher Beratung findet, um einem Mandanten oder einem Klienten und einem Steuerkunden die bestmögliche und preislich wettbewerbsfähige Leistung anzubieten.

4. Und die letzte These haben wir uns von Richard Susskind geliehen. Sie sagt: „**The competitor that kills you, doesn´t look like you!**"

Das soll sagen: „Hören Sie auf danach zu suchen, wie der Wettbewerber aussieht, der der ganzen Profession den Stöpsel zieht!" Den werden Sie nicht finden. Der wird sowieso völlig anders aussehen. Vielleicht steht er eines Tages vor uns und dann ist es zu spät, darauf zu reagieren. Aber in der Zeit haben wir noch so viele Möglichkeiten die Art, wie wir für Kunden und Mandanten arbeiten, zu verbessern, um den Zugang zum Recht zu verbessern, um ein besseres Steuersystem durch Steuerberater zu implementieren. Da haben wir noch so viel zu tun, dass wir uns darauf konzentrieren sollten.

Mit den vier Thesen sind wir bisher in unseren Projekten ganz gut gefahren!

Prof. Dr. Thomas Mann

Danke, ein schöneres Schlusswort kann man eigentlich nicht finden. Das spiegelt den Optimismus des Berufsstandes wider.

Ich nehme als Fazit mit, dass Sie alle der Digitalisierung nicht mit Feindseligkeit begegnen, sondern sie vielmehr als Chance sehen, mit der man offensiv umgehen muss. Die digitale Welt wird sich stetig ändern. In der analogen Welt bleibt zunächst noch vieles gleich, dazu gehört auch der traditionelle Empfang, zu dem ich sie jetzt im Namen des DWS-Instituts einladen darf. Ich bedanke mich für Ihre Aufmerksamkeit.

IV. Diskussionsteilnehmer

Dr. Moritz Alt, RA/EMBA
Hauptgeschäftsführer der Steuerberaterkammer Nürnberg
Dipl.-Kfm. Thomas Bartling, StB/WP/FB f. IntStR/Rb
Vizepräsident der Steuerberaterkammer Hamburg
Karl-Heinz Bonjean, StB
Präsidialmitglied der Bundessteuerberaterkammer, Präsident der Steuerberaterkammer Köln
Markus Hartung, RA
Vorsitzender des Berufsrechtsausschusses des Deutschen Anwaltsvereins (DAV), Direktor des Bucerius Center on the Legal Profession (CLP) an der Bucerius Law School, Berlin
Thomas Hund, RA
Geschäftsführer der Bundessteuerberaterkammer, Berlin
Prof. Dr. Thomas Mann
Vorstandsmitglied des DWS-Instituts e.V., Vorsitzender des wissenschaftlichen Arbeitskreises Berufsrecht des DWS-Instituts e.V., Georg-August-Universität Göttingen
Dr. Lars Meyer-Pries
Mitglied der Geschäftsleitung der DATEV eG, Leiter strategische Entwicklungen Gesetzgebung, Markt, Berufsstand, Nürnberg
Dipl.-Wi.Jur. (FH) Peter Nöscher, StB/Landw. Buchst.
Vorstandsmitglied der Steuerberaterkammer München
Dipl.-Volksw. Wolf D. Oberhauser, StB
Vorstandsmitglied der Steuerberaterkammer Nürnberg, Alzenau
Prof. Dr. Axel Pestke, RA/FA f. StR
Hauptgeschäftsführer des Deutschen Steuerberaterverbands e.V., Berlin

Dipl.-Ing.-Ök. Dr. Holger Stein, StB

Mitglied des wissenschaftlichen Arbeitskreises Berufsrecht des DWS-Instituts e.V., Vizepräsident der Bundessteuerberaterkammer, Präsident der Steuerberaterkammer Mecklenburg-Vorpommern, Rostock

Dipl.-Ök. Dr. Peter Stieve, StB/WP

Vizepräsident der Steuerberaterkammer Niedersachsen, Hannover

Dr. Hariolf Wenzler

Chief Strategy Officer von Baker & McKenzie Partnerschaft von Rechtsanwälten, Wirtschaftsprüfern und Steuerberatern mbB, Frankfurt am Main